Ich steh auf
GNADE

von David Guzik

Das Gras verdorrt und die Blumen welken; aber das
Wort des HERRN hat für immer Bestand

Jesajah 40, 8

Ich Steh Auf Gnade!
Copyright ©2023 von David Guzik

Gedruckt in den Vereinigten Staaten von Amerika oder im Vereinigten Königreich

ISBN 978-1-939466-75-4

Enduring Word
5662 Calle Real #184
Goleta, CA 93117

E-Mail: info@enduringword.com
Internet-Homepage: www.enduringword.de

Alle Rechte vorbehalten. Kein Teil dieses Buches darf in irgendeiner Form (außer für Zitate in Rezensionen) ohne schriftliche Genehmigung des Herausgebers vervielfältigt werden.

Neues Leben. Die Bibel,
© der deutschen Ausgabe 2002 und 2006
SCM R.Brockhaus in der SCM Verlagsgruppe GmbH, Holzgerlingen
Homepage: www.scm-brockhaus.de; E-Mail: info@scm-verlag.de

Copyright der amerikanischen Originalausgabe:
Holy Bible, New Living Translation,
copyright © 1996, 2004, 2015 by Tyndale House Foundation.
Used by permission of Tyndale House Publishers, Inc.,
Carol Stream, Illinois 60188, USA. All rights reserved.

Inhaltsverzeichnis

Was ist bloß mit der Gnade geschehen?	5
Gottes wunderbare Gnade	16
Aus Gnade gerettet	34
In der Gnade stehen	50
Reich beschenkt durch den geliebten Sohn	67
Die Gnade, das Gesetz und die Sünde (Teil 1)	82
Die Gnade, das Gesetz und die Sünde (Teil 2)	99
Meine Gnade ist alles, was du brauchst	111
Wenn Gottes Gnade am Werk ist	121
Aus Gottes Gnade fallen	134
Gnade, die uns helfen wird	149
Die Gnade und der Stolz	162
Ewige Gnade	176
Ein paar Worte zum Thema Gnade	184

**Für Inga-Lill,
die mir und anderen ein
wunderbarer Segen ist**

Kapitel Eins

Was ist bloß mit der Gnade geschehen?

Seine Gnade ist so groß, dass er unsere Freiheit mit dem Blut seines Sohnes erkauft hat, sodass uns unsere Sünden vergeben sind.
(Epheser 1,7)

Beim Durchstöbern des Zeitschriftenständers sprang mir eine Schlagzeile ins Auge: „Das Christentum und die psychische Gesundheit"[1]. Es handelte sich um den Hauptartikel des Magazins „The Humanist". Neugierig wie ich bin, setzte ich mich hin, um den Artikel zu lesen. Von einer Zeitschrift mit dem Titel „The Humanist" erwartete ich keine wohlwollende Betrachtung des Themas und der Autor des Artikels, Wendell W. Watters, enttäuschte mich nicht. Nachdem er fünfundzwanzig Jahre als Psychiater gearbeitet hatte, kam er zu dem Ergebnis, dass der christliche Glaube die Psyche Einzelner und auch der Gesellschaft als solche zerstöre. Er erklärte seine Ansicht gleich im ersten Absatz:

> „Ich möchte, dass Sie sich auf die Hypothese einlassen, dass die christliche Lehre, das existenzielle Beruhigungsmittel schlechthin, mit den Grundsätzen einer gesunden Psyche unvereinbar ist und mehr zur Entstehung des menschlichen Leidens beiträgt als zu seiner Linderung."[2]

Der Rest des Berichts versuchte, seine These zu untermauern. Es war für jeden mitdenkenden Christen nicht schwer zu erkennen, dass Watters auf dem falschen Weg war und seine Argumente nicht überzeugten. Als ich aber las, was dieser aufgebracht und bitter wirkende Mann über Christen schrieb, verspürte ich an einigen Stellen etwas in mir, womit ich selbst nicht gerechnet hatte: *Zustimmung*. Ich musste feststellen, dass ich diesem entschiedenen Kritiker des Christentums in mehreren Punkten zustimmte. Während er kunstvolle Halbwahrheiten mit zutreffenden Erkenntnissen verband, gelangen dem Autor auch einige bemerkenswerte Beobachtungen. Mir fiel auf, dass der Autor nicht beschrieb, wie das christliche Leben *erlebt werden sollte*, sondern vielmehr so, wie viele Menschen es *tatsächlich erlebt haben*. Er schrieb z.B.:

> „Christen wird beigebracht, dass Gott dem Einzelnen nur dann einen Wert geben kann, wenn er ihn von seinen Sünden erlöst. Indem sie sich selbst emotional geißeln und ihre innere Wertlosigkeit und Leere beteuern, versuchen Christen, Gott zum Mitleid zu bewegen und sie zu retten."[3]

Wenn man die doppeldeutige Sprache des Psychiaters entwirrt, stellt man fest, dass Watters behauptet, Christen würden sich selbst emotional und geistlich bestrafen und so auf Gottes Mitleid hoffen. Über das Gebet schrieb Watters:

> „[Das Gebet] zeigt, wie das Christentum dazu neigt, seine Anhänger auf den Zustand eines unterwürfig wimmernden, bettelnden, notleidenden Kleinkindes zu reduzieren - ganz gleich, ob es bei den einzelnen Bitten um gutes Wetter, Linderung von Schmerzen, das Wohlergehen verstorbener Lieben oder einfach darum geht, bei der Gottheit Pluspunkte zu sammeln."[4]

Als Pastor habe ich schon vielen Christen zur Seite gestanden, denen es genauso geht. Gott sagt, dass wir ihn wirklich brauchen. Doch sie haben diese Feststellung derart verdreht, dass sie sich ständig schuldig und deprimiert fühlen. Solche Christen glauben, sie könnten Gottes Liebe nicht einfach geschenkt bekommen, sondern sie müssten sie sich verdienen. Offensichtlich ist Watters einigen dieser Christen begegnet und hat ihre Erlebnisse als das wahre Leben des Christen verstanden:

> „Von einem wahren Christen, der tief in der Lehre der Erbsünde und in Christi Opfer am Kreuz verwurzelt ist, wird erwartet, dass er durch jede erdenkliche Form von Selbstvorwürfen, Schuldzuweisungen an sich selbst und mit dem Bekennen von Sünden Gottes Gunst erlangt."

> „Ein wahrer Christ lebt immer in einem Zustand der Qual, da er oder sie nie wirklich sicher sein kann, ob Gott ihm oder ihr zutiefst negative Gefühle vergeben hat - trotz des katholischen Beichtstuhls und des fundamentalistischen Tricks der Selbsttäuschung, genannt Erlösung oder Wiedergeburt."

> „[Der Christ ist] für immer dazu verurteilt, zerbrochen, zerstört und unterwürfig zu Füßen des göttlichen Übervaters zu liegen und zu wimmern."[5]

Mit solch einer Sichtweise vom „wahren" Christentum ist es kein Wunder, dass der Autor dieses Artikels in *„The Humanist"* zu dem Schluss kommt:

> „Es ist eine Hommage an die Widerstandsfähigkeit des menschlichen Tieres, dass jemand, der Woche für Woche, Jahr für Jahr, dieser Art von Belehrung ausgesetzt ist, trotzdem einen gewissen Grad von Selbstannahme oder gar Selbstbewusstsein entwickeln kann. Diese ständige Selbst-Infragestellung und Selbstgeißelung sind im Prinzip eine Form der guten, altmodischen Erpressung. Sie existiert unglücklicherweise in viel zu vielen zwischenmenschlichen Beziehungen."[6]

Es war leicht zu erkennen, dass das, wogegen Watters protestierte, nicht der wahre, biblische, christliche Glauben ist. Ebenso offensichtlich war aber auch, dass viele unter dieser Art von christlichem Leben, das hier von Watters beschrieben wurde, leiden. Ich musste mir eingestehen, dass auch ich manchmal mit der gleichen falschen Vorstellung von Gott und dem Leben als Christ – mit der Vorstellung von Gott und seinem Werk für mich, das mich zu einem Sklaven machte, statt mich zu befreien – kämpfte. Obwohl dieses Pseudo-Christentum, das Watters scharf angriff, nicht biblisch ist, ist es doch das, was viel zu viele aufrichtige Christen *erleben*.

Was fehlte hier? Was war der Unterschied zwischen dem zerstörerischen Glauben, der in „*The Humanist*" kritisiert wurde und dem Leben in der Fülle, das Jesus bietet? Ich glaube, dass das von Watters beschriebene und von vielen Christen gelebte Leben, ein christliches Leben *ohne Gnade* ist. Diese Art von christlichem Glauben ist weiter verbreitet, als ich zuerst dachte und betrifft nicht nur Christen, die sich vor Gott wertlos fühlen. Ein Christsein *ohne Gnade* hat auch Auswirkungen auf die, die sich in ihrer Beziehung zu Gott eigentlich ziemlich wohlfühlen.

Ich habe ein Recht darauf, gesegnet zu werden

Die meisten Menschen denken bei *Gnade* an ein altmodisches Wort, das für ein ungewohntes Konzept steht. Ihnen scheint der Pep der neuesten geistlichen Trends oder Lehren zu fehlen, und es erinnert uns eher an ältere Menschen, die „*Amazing Grace*" summen, als an eine neue Generation, die versucht, ihren Weg zu finden. Allerdings hat das Verständnis (oder das mangelnde Verständnis) von Gnade direkte Auswirkungen auf unsere alltägliche Beziehung zu Gott. Die biblischen Aussagen zu seiner Gnade beantworten zwei Fragen, die nur selten ausgesprochen, aber doch andauernd gestellt werden: (1) Was *möchte* Gott von mir? (2) Welche *Gefühle* bringt er mir entgegen?

Sonntags findet man in buchstäblich jeder Gemeinde Christen, die leiden, weil sie auf diese wichtigen Fragen die falschen Antworten gefunden haben. Sieht man über beiläufige Gespräche zum Wetter und zum letzten Fußballspiel, über das Dauerlächeln und die „Alles bestens"-Antworten hinweg, findet man Gläubige, die die Gnade dringend besser verstehen müssen.

Manche kommen mit aufrichtiger Begeisterung und Vorfreude in den Gottesdienst. Sie wissen einfach, dass sie von Gott das bekommen werden, was sie erwarten. Schließlich gehören sie zu denen, die Gott gerne segnet. Sie hatten vermutlich eine gute Woche: Es gab keine größere Sünde; die Zehn Gebote wurden recht gut eingehalten; sie haben diese Woche ein bisschen in ihrer Bibel gelesen und gebetet, vielleicht hatten sie die wunderbare Gelegenheit, mit jemandem über das Evangelium zu sprechen. Aus welchem Grund auch immer steht ihnen: „Ich habe ein Recht darauf, gesegnet zu werden" ins Gesicht geschrieben. Sie gehen davon aus, dass Gott gerecht ist und sie gut behandeln wird, weil sie sich richtig verhalten haben. Ein guter Same wurde gesät und jetzt erwarten die „Anspruchsberechtigten", in den Genuss von all dem zu kommen, was ihnen rechtmäßig zusteht. Wenn sie sonntagmorgens zur Gemeinde kommen, ist ihre Freude aufrichtig und sie können es in einer Unterhaltung gar nicht abwarten, das Thema auf das zu lenken, was sie getan oder erlebt haben und was in Gottes Augen so wohlgefällig war.

Aber am selben Sonntagmorgen wird es in derselben Gemeinde ganz sicher auch Leute geben, die sich *nicht* so fühlen, als wären sie gut genug, Gottes Gnade zu empfangen. Diese Gläubigen leben genau das destruktive christliche Leben, das Wendell Watters in *„The Humanist"* beschrieben hat. Sie werden – zumindest in diesem Moment – von der Erkenntnis gequält, dass sie sich so nicht fühlen sollten. Also tun sie ihr Bestes, sich so zu verhalten, wie andere es von ihnen erwarten. Während Gebete gesprochen werden und das Singen beginnt, können sie das Gefühl kaum abschütteln, sich an diesem bestimmten Morgen selbst von den Segnungen ausgeschlossen zu haben.

Rebecca zum Beispiel ist eine treue Christin. Woche für Woche kommt sie zur Gemeinde und begrüßt alle mit einem Lächeln, wie es von einem guten Christen erwartet wird. Aber viele ihrer Sonntage sind von der Vorstellung geprägt, dass Gott eigentlich unzufrieden mit ihr sein muss. An diesem Sonntag weiß sie zum Beispiel, dass sie am Donnerstag die Beherrschung mit ihren

Kindern verloren hat und sie fühlt sich ganz schrecklich deswegen. Sie ist überzeugt, dass ihr Mangel an Selbstbeherrschung und die daraus resultierende Schuld dazu führen, dass Gott ihr heute nichts Gutes zu geben hat. Rebecca fühlt sich oft so, selbst dann, wenn ihr gar nichts Konkretes einfällt, was sie falsch gemacht haben könnte. Weil sie das Gefühl hat, nicht gut genug zu sein, weiß Rebecca, dass dies ein Sonntag sein wird, den sie ertragen muss und keiner, den sie genießen kann.

Wenn Rebecca sich so fühlt, betrachtet sie andere mit einer Mischung aus Neid, Bewunderung und Verzweiflung. Alle anderen sehen so geistlich aus, als wären sie bereit für eine Berührung Gottes. Aber wegen eines schlechten Morgens oder einer schlechten Woche haben Menschen wie Rebecca, die sich für nicht gut genug halten, das unangenehme Gefühl, einen Preis für ihr eigensinniges Leben zahlen zu müssen. Sie müssen die trockene Ernte des schlechten Samens, der vor Tagen gesät wurde, hinnehmen und auf eine bessere Ernte in der nächsten Woche hoffen.

Stell dir einmal vor, neben Rebecca säße jemand - nennen wir ihn Thomas. Thomas geht es ganz anders als Rebecca, obwohl das äußerliche Erscheinungsbild das nicht erahnen lässt. Wo Rebecca das Gefühl hat, für Gottes Segen nicht gut genug zu sein, empfindet Thomas das Gegenteil: Er hatte eine *großartige* Woche mit dem Herrn. Er hatte fast jeden Tag eine gesegnete „Stille Zeit" mit dem Herrn und er hat sogar mit einem Arbeitskollegen über Jesus gesprochen. Auf dem Weg zum Gottesdienst denkt er: *„Ich glaube, Gott wird mich heute segnen, weil ich so eine großartige Woche hatte."*

Beide – die Christen „die gut genug sind" und die „die es nicht sind"– sitzen auf derselben Kirchenbank nebeneinander und begrüßen sich herzlich. Vielleicht sind sie sogar miteinander verheiratet. Wer auch immer sie sind, sie erleben den Gottesdienst und die Predigt ganz unterschiedlich, aber keiner von beiden erlebt es so, wie Gott es vorgesehen hat. Ein Mensch wie Thomas glaubt, dass der Segen Gottes ihm zwangsläufig zusteht, weil er ein so großartiger Christ gewesen ist. Jemand wie Rebecca weiß, dass sie vor Gott nicht so gut dasteht und der Segen Gottes für sie deshalb unerreichbar ist. Beide führen als Christen wahrscheinlich ein Leben *ohne Gnade*.

Man kann leicht erkennen, dass jemand wie Rebecca lernen muss, die Liebe und Gnade Gottes besser zu verstehen. Aber was kann schlecht daran sein, wenn man - wie Thomas - mit sich selbst im Reinen ist? Solch ein Selbstvertrauen fühlt sich ganz sicher besser an als die Last selbst auferlegter Schuld und Niedergeschlagenheit. Trotzdem können diese guten Gefühle genauso schädlich für unsere geistliche Gesundheit sein, wie die quälenden Gefühle der Unzulänglichkeit. Die positive Ansicht des eigenen Wertes verbinden wir vielleicht mit Begriffen wie „durchsetzungsfähig" oder „optimistisch", aber für Gott ist es vielleicht einfach nur Stolz. Diese Sichtweise verleiht uns vielleicht Selbstsicherheit, aber dennoch finden wir uns in einer gefährlichen Lage wieder, denn sie führt uns zu einer Eigenständigkeit, die uns schnell dazu verleiten kann, Gottes Einfluss auf unser alltägliches Leben nicht anerkennen zu wollen.

Sowohl die positive als auch die negative Sichtweise sind weit verbreitet und es ist nicht ungewöhnlich, dass Christen von Woche zu Woche zwischen diesen beiden Extremen schwanken. Beides kann ernsthafte Probleme in unserer geistlichen Entwicklung nach sich ziehen und Probleme hervorrufen, die sich nicht auf die Sonntage beschränken, sondern buchstäblich alles einschließen, was mit unserer Gemeinschaft mit Gott zu tun hat. Doch beide Einstellungen werden durch das neutestamentliche Verständnis von Gnade korrigiert. Die Probleme von Rebecca und Thomas haben dieselbe Wurzel: Ein Christsein, in dem es keine Gnade gibt. Beide Sichtweisen sind Gift für ein gesundes und reifes Leben als Christ und müssen dadurch korrigiert werden, dass wir die Gnade richtig verstehen und nach ihr leben.

Was ist bloß mit der Gnade geschehen?

Gnade ist Gottes Antwort auf das Gefühl der chronischen Verdrossenheit und ihrer Kehrseite, der Eigenständigkeit. Aber die Rolle der Gnade im Leben von Christen ist heutzutage nicht mehr Thema vieler Predigten. Nicht weil die Lehre der Gnade von vielen Christen verachtet wird (obwohl einige sie aus Unwissenheit ablehnen); die Gnade wird oft einfach ignoriert. Viele sehen die Gnade irrtümlicherweise als schlichtes Grundprinzip an, aus dem man im Laufe des christlichen Lebens recht schnell herauswächst. Bei anderen gehen Gottes Aussagen zur Gnade in dem Durcheinander der neuesten Trends in der christlichen Welt unter.

Einige Prediger und Lehrer sprechen über die Gnade und halten sie auch heute für wichtig. Allerdings haben manche von ihnen die Prinzipien der Gnade entweder nicht verstanden oder sie können sie nicht vermitteln. Für sie mag Gnade ein beliebtes Schlagwort sein, aber es wird nicht richtig angewendet.

Das größere Problem liegt vermutlich eher in der Art und Weise, wie Theologen mit dem Konzept der Gnade umgehen. Viele Gelehrte gebrauchen das Wort *Gnade* als griffiges Schlagwort, das nahezu auf alles passt, was mit dem christlichen Leben zu tun hat, aber fast nichts über das praktischen Leben aussagt. Die hochtrabende Erläuterung eines Theologen zur Gnade mag vielleicht für andere Intellektuelle einen Sinn ergeben, ist aber meist für den normalen Gottesdienstbesucher nutzlos. Glücklicherweise gibt es erstklassige Bibellehrer, die sich bewusst sind, wie wichtig es ist, das Konzept der Gnade zu verstehen, um die Bibel zu verstehen. Allerdings sind ihre Zuhörer hauptsächlich Gelehrte oder Studenten. Demzufolge wird die Kraft der Gnade bedeutungslos, weil sie entweder zu eng oder zu allgemein definiert wird. Und die Kraft der Gnade ist wirkungslos, wenn sie nur in dicken Büchern mit zu vielen großen Worten eingesperrt wird.

Wer über Gnade spricht, benutzt oft wohlklingende Worte, wenn es um die Rettung von Seelen geht, ignoriert aber häufig die verändernde Kraft der Gnade, die uns dabei helfen kann, Gott und uns selbst besser zu verstehen. Für sie ist die Gnade zu Beginn des christlichen Lebens notwendig. Andere, die über Gnade sprechen oder schreiben, haben offenbar Angst davor. Ihre Erläuterungen gleichen in der Regel einer Einleitung, um uns zu sagen, dass wir uns vor jeder Lehre hüten sollen, durch die man zur Sünde ermutigt wird.

Aus Angst, der Fokus auf die Gnade könnte andere dazu ermutigen, ungehindert zu sündigen, wird das Thema Gnade nur halbherzig behandelt. Was mit der rechten Hand gegeben wird, nimmt man mit der linken Hand wieder weg. Diese Art von Lehre macht uns gegen die Gnade immun, weil sie uns eine kleine, verwässerte Dosis der Wahrheit gibt; gerade so viel, dass wir denken, wir wüssten alles darüber. Die halbherzige Darstellung der Gnade trägt zu einem Christsein bei, in dem es keine Gnade gibt.

Aber so müssen wir nicht leben. Versteht die Gemeinde die Gnade falsch, wird sie entweder von schwachen, ängstlichen und unsicheren Christen oder von stolzen und selbstbewussten Christen heimgesucht. Aber wir *können* die Wahrheit über die Gnade aus diesen komplexen und unzugänglich wirkenden theologischen Büchern hervorholen und sie in die Herzen und Köpfe der Gläubigen pflanzen, die sich mehr als alles andere nach einer persönlichen Beziehung zu Gott sehnen. Wenn das passiert, kommt es zu einer persönlichen Revolution. Die Christenheit blüht auf, wenn wir die Gnade Gottes ernst nehmen; wir werden in unserem eigenen Leben und in der Gemeinde ein neues Erwachen erleben.

Was die Gnade bewirken kann

Du musst um Gottes Gnade wissen, wenn du

- entmutigt bist oder das Gefühl hast, es nicht wert zu sein, gesegnet zu werden.
- dich stolz und selbstsicher fühlst.
- das ewige Auf und Ab in deinem Leben als Christ satthast.
- vor Gott und anderen immer das Gefühl hast, nicht gut genug zu sein.
- extrem von der Meinung anderer abhängig bist.
- ängstlich und unsicher bist.
- dich im Kampf gegen die Sünde machtlos fühlst.

Ein besseres Verständnis von Gottes Gnade kann der Schlüssel zum Sieg in all diesen Bereichen sein, die uns Probleme bereiten. Das bedeutet, dass wir uns dem Thema neu nähern und dabei die Bibel, mit der ihr innewohnenden Kraft zu uns sprechen lassen. So können wir auf die ursprüngliche Bedeutung der Gnade zurückgreifen, die die Schreiber des Neuen Testaments für sich selbst entdeckt hatten.

Am Ende des 20. Jahrhunderts verkündete der große schottische Prediger Alexander Maclaren:

> „Wisset, dass das Wort „Gnade" in den Gedanken unserer Väter eine viel größere Rolle spielte als in unseren. Es gibt nicht vieles, was der durchschnittliche Christ unserer Generation nötiger hat, als die Größe und Erhabenheit dieses altmodischen und unmodernen Wortes wiederzuentdecken."[7]

Der bekannte englische Prediger Charles Spurgeon lebte etwa zur gleichen Zeit wie Maclaren und forderte seine Zuhörer in einer Predigt über 1. Korinther 15 heraus:

> „Was weißt *du* von der Gnade Gottes?" „Tja, ich gehe regelmäßig zum Gottesdienst." „Aber was weißt du von der *Gnade Gottes*?" „Ich bin immer ein aufrechter, ehrlicher, vertrauenswürdiger, respektabler Mensch gewesen." „Schön, das zu hören, aber was weißt du von der Gnade Gottes?"[8]

Eine Generation später schrieb James Moffatt in seinem bemerkenswerten Buch „*Grace In The New Testament*"[9] [Gnade im Neuen Testament]:

> „Man könnte der Christenheit unserer Zeit kaum einen größeren Dienst erweisen, als ihr die Bedeutung der Gnade so zu vermitteln, wie es die Autoren des Neuen Testaments zu tun versuchten und wenn möglich, sie wieder als absolute Grundlage des Christentums zu verankern."[10]

Diese Männer wussten, dass die Christen ihrer Zeit die Bedeutung dieser großartigen Lehre der Gnade neu für sich beanspruchen und diese Wahrheiten in ihrem ganzen Ausmaß anwenden mussten. Die Notwendigkeit dessen war zu ihrer Zeit offensichtlich - in unserer Zeit ist es das in einem noch viel höheren Maße. Heutzutage wird viel zu oft ein Christsein gelebt, in dem es keine Gnade gibt.

Dafür müssen wir herausfinden, was die Verfasser des Neuen Testaments über die Gnade Gottes sagen und das umsetzen, was der Heilige Geist heute in unser Leben hineingesprochen hat. Doch fangen wir ganz am Anfang an: Was *ist* Gnade?

Kapitel Zwei

Gottes wunderbare Gnade

Wenn der Grund dafür aber die Gnade Gottes war, dann geschah es nicht aufgrund guter Taten, denn sonst wäre die Gnade Gottes nicht mehr das, was sie ist: ein freies, unverdientes Geschenk.
(Römer 11,6)

Ein Christsein ohne Gnade ist problematisch. Die Lösung liegt darin, Gottes Gnade zu verstehen und anzunehmen, doch viele Christen verstehen nur wenig von dieser Gnade.

Steve Turner schreibt in seinem Buch *Amazing Grace: The Story of America's Most Beloved Song* [Erstaunliche Gnade: Die Geschichte hinter Amerikas beliebtestem Lied][11], dass die Zeitung *USA Today* im Dezember 1999 verschiedene Gegenstände vorgeschlagen hat, die man zur Jahrtausendwende in einer Zeitkapsel deponieren könnte. Diese gesammelten Gegenstände sollten zukünftigen Generationen zeigen, was den Menschen im zwanzigsten Jahrhundert wichtig war. So wurden unter anderem Barbiepuppen, Dosenöffner, ein Chevrolet Camaro - und ein Notenblatt von *Amazing Grace* vorgeschlagen.

Das von Judy Collins gesungene Lied *Amazing Grace* war im Jahr 1971 ein Top 10 Hit in den amerikanischen Charts[12], doch noch mehr schätzten die Amerikaner das Lied nach den Terroranschlägen des 11. September 2001. Turner schreibt:

„Das Lied wurde in Gottesdiensten, Gedenkveranstaltungen, auf Benefizkonzerten und Beerdigungen gesungen. Es wurde auf Manhattans 14th Avenue von Musikern der Heilsarmee gespielt, als Freiwillige den Nachschub für die Helfer am Ground Zero verluden. Dudelsackspieler der New Yorker Polizei spielten das Lied am Anfang des „Wir beten für Amerika"-Gottesdienstes im Baseballstadion der New York Yankees. Rote-Kreuz-Helfer sangen das Lied an dem Ort, wo in Shanksville, im Staat Pennsylvania, der United Airline Flug 93 in ein Feld abgestürzt war, nachdem es mutigen Passagieren gelungen war, die Entführer zu überwältigen."[13]

Für viele Christen wird Gottes Gnade in diesem berühmten Lied auf die sinnvollste und treffendste Art und Weise ausgedrückt. Vielleicht kennst du das Lied schon auswendig, aber lies dir die Strophen ruhig noch einmal durch:

Erstaunliche Gnade, wie süß ist dein Klang

Die einen Schuft wie mich errettete!

Einst war ich verloren, aber nun bin ich gefunden,

War blind, aber nun sehe ich.

Es war die Gnade, die mein Herz Furcht lehrte,

Und Gnade nahm mir die Angst;

Wie kostbar erschien diese Gnade

Zu der Stunde, als ich erstmals glaubte!

Durch viele Gefahren, Mühen und Schlingen

Bin ich bereits gekommen;

Es ist die Gnade, die mich so weit brachte,

Und die Gnade wird mich nach Hause führen. [14]

Amazing Grace ist tatsächlich ein großartiges Lied von der Gnade Gottes. Aber die Herrlichkeit der Gnade muss mehr als nur besungen werden; wir müssen sie in unserem eigenen Leben erfahren. Interessanterweise war der Mann, der dieses sehr beliebte Lied schrieb, selbst sehr stark von der Gnade Gottes berührt worden. Sein Name war John Newton.

Nachdem er als junger Mann versucht hatte, von der Royal Navy zu desertieren[15], befand er sich auf einem Schiff, das ihn über Kanada zurück nach England bringen sollte. Vor der Küste von Neufundland geriet sein Schiff in einen fürchterlichen Sturm. Die Situation wurde immer aussichtsloser - von 3 Uhr morgens bis zum Mittag musste Newton die Pumpen bedienen, um das Schiff vor dem Untergang zu bewahren. Alle Vorräte waren über Bord gegangen oder ungenießbar geworden; es gab wenig Hoffnung zu überleben. John Newton war erschöpft, stand Todesängste aus und er konnte nicht schwimmen. In dieser von Angst und Ungewissheit erfüllten Situation erinnerte er sich an seine fromme Mutter. Als Newton am Ende seiner Kräfte war, bekehrte er sich irgendwo vor der Küste Neufundlands zu Jesus Christus. Unterdessen kam das Schiff aus dem Sturm heraus in ruhigere Gewässer.

Selbst nach seiner Bekehrung arbeitete Newton noch weiter als Kapitän auf einem Sklavenschiff, aber irgendwann wurde ihm die Unmenschlichkeit seines Tuns bewusst. Also ließ er den Sklavenhandel hinter sich, wurde Pastor und unterstützte aktiv den Prozess, die Sklaverei im Britischen Weltreich abzuschaffen.

Im Alter von zweiundachtzig Jahren fasste der frühere Sklavenhändler sein Leben zusammen: „Mein Gedächtnis wird immer schlechter, doch zwei Dinge weiß ich noch: Ich bin ein großer Sünder und Christus ist ein großer Retter."[16] Newtons Leben hat sich durch sein Verständnis von Gottes erstaunlicher Gnade tiefgründig verändert.

Obwohl *Amazing Grace* das beliebteste Kirchenlied der Amerikaner ist, haben nur wenige Christen Gottes Gnade so umfassend und intensiv begriffen wie der Verfasser dieses Liedes.

Was Gnade wirklich bedeutet

Lass dich nicht entmutigen, wenn du meinst, dass du nur eine begrenzte Erkenntnis von Gnade hast; es ist vermutlich nicht deine Schuld. Diese Generation hat nur einen begrenzten Zugang zu guten Lehren über die Gnade. Wenn du also Schwierigkeiten hast, sie zu verstehen, bist du in guter Gesellschaft.

Einem bekannten Theologen des antiken Christentums, Augustinus von Hippo, fehlte es an Worten, als er erklären sollte, was Gnade eigentlich ist. Obwohl er ein tiefgründiger Denker und Geisteswissenschaftler war, wird angenommen, dass er - als ihn jemand fragte, was Gnade sei - folgendermaßen antwortete: „Was ist Gnade? Das weiß ich, bis ihr mich fragt; wenn ihr mich fragt, weiß ich es nicht!"[17]

Wenn Theologen über Gnade sprechen, verwenden sie oft komplizierte Begriffe, aber das, was die Bibel über Gnade sagt, muss kein Mysterium sein.

Am Ende seiner ersten Amtszeit veranstaltete Präsident Ronald Reagan ein Staatsbankett für Francois Mitterrand, den damaligen französischen Ministerpräsidenten. Während ein Butler die Staatsoberhäupter zu ihrem Tisch führte, blieb Frau Mitterrand plötzlich stehen. Sie drehte sich ruhig zu Präsident Reagan um und sagte ihm etwas auf Französisch. Er verstand sie nicht und gemeinsam mit dem Butler versuchte Reagan, Frau Mitterrand deutlich zu machen, sie möge weitergehen. Sie blieb ruhig und wiederholte ihre Aussage.

Ein Übersetzer konnte Herrn Reagan schließlich das Problem erklären. Der Präsident stand auf Frau Mitterands Abendkleid![18] Es waren Verständigungsprobleme, die zu diesem kurzen, peinlichen Zwischenfall geführt hatten. Wenn wir aber die Gnade nicht verstehen, kann das ewige Konsequenzen haben.

Viele Theologen haben die Gnade falsch verstanden, wenn sie nicht darauf hinweisen, dass die Gnade Gottes etwas *Persönliches* ist. Sie ist mehr als ein Ausdruck für Gottes Handeln oder seine Fähigkeit, uns zu helfen; sie beschreibt, wie Gott für uns *empfindet*. Gnade ist, wie das Neue Testament lehrt, kein kaltes, technisches Wort; sondern sie ist mit der Wärme von Gottes Liebe und Zuneigung erfüllt. Die Gnade nur in abstrakten, übermäßig technischen Begriffen zu sehen, führt zu genau der Art von gnadenlosem Christsein, das wir vermeiden sollten.

Was das Wort *Gnade* außerhalb des christlichen Kontexts bedeutet

Als die Apostel, inspiriert vom Heiligen Geist, begannen, die Evangelien und Briefe des Neuen Testaments zu verfassen, verwendeten sie zur Beschreibung des christlichen Konzepts der Gnade das altgriechische Wort *charis*. Wenn wir verstehen wollen, was das Neue Testament mit dem Begriff *Gnade* meint, müssen wir zunächst verstehen, welche Bedeutung *charis* für seine damaligen Benutzer hatte.

Ein guter Wein hat viele verschiedene Aromen und geschmackliche Nuancen. Ein Weinverkoster hat die Aufgabe, diese Nuancen herauszuschmecken und ihre feinen Unterschiede zu entdecken. Gleichermaßen haben wichtige Worte verschiedene „aromatische Nuancen". Gute „Wort-Verkoster" untersuchen diese Unterschiede sorgfältig, um das Wort in seiner gesamten Fülle zu verstehen.

Ein starkes „Aroma" von *charis* ist, „etwas, das Vergnügen bereitet oder Freude garantiert."[19] Wenn du in der Antike zu einem Wagenrennen gegangen wärst und dir der Wettbewerb gefallen hätte, hättest du wahrscheinlich gesagt, dass das Wagenrennen *charis* hatte, weil es dir Freude bereitete. Moffatt hat es gut auf den Punkt gebracht: „Was den Menschen Freude bereitete, wurde *charis* genannt."[20] In der heutigen Zeit verwenden wir ein ähnliches Wort, um diesen Gedanken zu formulieren. Wenn ein Mensch einen unwiderstehlichen Charakter oder eine unverwechselbare Ausstrahlung hat, sagen wir, dass die Person *Charis*ma hat, was von demselben griechischen Wort abgeleitet wird.

Das Wort *charis* beinhaltet auch den Gedanken von *Schönheit* - einer Schönheit, die uns Freude bereitet. Wir sagen z.B. auch heute noch, dass sich ein Tänzer oder Sportler graziös bewegt, also voller Anmut. Wir verwenden das Wort, um Menschen oder Dinge zu beschreiben, die schön und stilvoll sind. Der Mensch, der diese

Anmut ausstrahlt, wird als liebenswürdig und elegant beschrieben und wir denken, dass er ohne Fehl und Tadel sei.

Das Wort *charis* wurde früher auch in Verbindung mit einer übernatürlichen Macht oder Hilfe verwendet.[21] In der antiken griechischen Literatur war *charis* manchmal eine mystische Macht, die einen Menschen mit ihrer Schönheit und Güte übernatürlich beeinflusste. Zuweilen setzte man es einem Zauberspruch gleich, der unsichtbar und übernatürlich, aber trotzdem voller Macht ist. In der Antike war es üblich anzunehmen, dass die Götter (oder Gott) dem Menschen diese übernatürliche Anmut schenkten.

Außerdem vermittelte das Wort *charis* die Vorstellung von unverdienter Gunst oder entgegengebrachter Güte. Es galt als ein aktiver Ausdruck selbstloser Hilfe und Unterstützung.[22] Der berühmte griechische Philosoph Aristoteles definierte das Wort wie folgt:

> „Hilfe für jemanden, der in Not ist, nicht als Gegenleistung, auch nicht, damit der Helfer etwas bekommt, sondern um der Person willen, der geholfen wird."[23]

Mit *charis* kann man einen unerwarteten Segen oder eine Zuwendung bezeichnen, z. B. ein unvorhergesehenes Geschenk oder eine Wohltat. Der Anlass für ein *charis*-Geschenk lag im Schenkenden selbst, nicht beim Beschenkten.

Wir sollten einen wichtigen Unterschied zwischen dem allgemeinen Gebrauch des Wortes Gnade erkennen und seiner Verwendung im Neuen Testament. Die alten Griechen kannten und schätzten die Gnade, aber sie hielten sie für eine Gunst, die ausschließlich Freunden entgegengebracht wurde. Die Vorstellung, dass man diese große Gunst, Schönheit, übernatürliche Hilfe und unverdiente Güte auch einem Feind erweisen könnte, war für sie unvorstellbar. Der berühmte Wissenschaftler Kenneth Wuest schrieb als ausgewiesener Kenner der griechischen Sprache des Neuen Testaments:

> „Im Sprachgebrauch der heidnischen Griechen beschreibt es eine Gunst, die ein Grieche einem anderen aus purer Großzügigkeit erwies, ohne

> sich dabei eine Gegenleistung zu erhoffen ... Im Falle der Griechen wurde die Gunst einem Freund erwiesen, niemals einem Feind. Anders bei Gott: Hier war es ein Feind, dem die Gunst erwiesen wurde - dem Sünder, der in seinem Hass auf Gott verbittert war.[24]

Wenn Paulus und die anderen Autoren des Neuen Testaments das Wort *charis* benutzten, hielten sie an ihrer Vorstellung von Freude, Gefallen, Schönheit, übernatürlicher Hilfe und unverdienter Gunst fest. Auch wir müssen an alle „Geschmacksrichtungen" denken, wenn wir dieses wichtige neutestamentliche Wort unter die Lupe nehmen.

Der große Bibellehrer G. Campbell Morgan definiert den Begriff *Gnade* in seinem Kommentar zum 2. Korintherbrief folgendermaßen:

> „Sie bedeutete zunächst alles im Bereich der Schönheit im Gegensatz zur Hässlichkeit, der Stärke im Gegensatz zur Schwäche, der Gesundheit im Gegensatz zur Krankheit, der Liebe im Gegensatz zum Hass. Der ästhetische Bereich, der Bereich der Schönheit und des Ruhmes und der Gesundheit und der Kraft, alles, was erhaben ist, im Gegensatz zu allem, was niedrig ist - Gnade, *charis*. In späteren Schriften kam dann eine neue Bedeutung hinzu: Und zwar der Wunsch, sie an andere Menschen weiterzugeben. Ich beziehe mich hier weiterhin auf die griechische Literatur. Dann griffen die Verfasser des Neuen Testaments das Wort auf und hoben es in eine höhere Sphäre. So wurde es zu einem Wort, das für die Handlungen steht, die das Bedürfnis erfüllen, anderen Menschen Gesundheit, Schönheit und Ehre anstelle von Schmach zukommen zu lassen."[25]

Wuest schrieb anschaulich über die Beziehung zwischen dem klassischen Verständnis von *charis* und der Art und Weise, wie es im Neuen Testament gebraucht wird:

> „Das griechische Wort für ‚Gnade' ist ein wunderbares Wort. Der Erzbischof Trench sagte dazu: *‚Es ist wohl kaum zu viel gesagt, dass das griechische Denken in keinem Wort sich selbst und alles, was ihm am Herzen lag, deutlicher zum Ausdruck gebracht hat als in diesem.'* Als das Wort ins Neue Testament übernommen wurde, war Trenchs Aussage weiterhin korrekt, man musste nur den Begriff „griechisch" mit „Gott" ersetzen: *‚Es ist wohl kaum zu viel gesagt, dass Gott in keinem Wort sich selbst und alles, was ihm am Herzen lag, deutlicher zum Ausdruck gebracht hat als in diesem.'*"[26]

Charis ist im Neuen Testament, und besonders bei dem Apostel Paulus, ein sehr beliebtes Wort. Alle Briefe, die er geschrieben hat, beginnen und enden auf die ein oder andere Art mit den Worten: „Gnade sei mit euch." Paulus war von dem Konzept der Gnade so erfüllt, dass er sogar neue Worte aus dem Wortstamm *charis* heraus entwickelte. Eines dieser Worte ist *charismata*, wie Paulus „Gnadengaben" nannte, die wir üblicherweise als „Geistesgaben" bezeichnen. Zweifellos waren *charis* und die dahinterstehenden Gedanken für das Evangelium, das die Apostel verkündeten, von größter Bedeutung. Moffatt sagt dazu:

> „Die Religion, die den Schriften des Neuen Testaments zugrunde liegt, ist eine Religion der Gnade, andernfalls ist sie nichtig... Ohne Gnade kein Evangelium; darauf läuft es hinaus, wenn man die klassischen Dokumente der Urkirche studiert."[27]

Auch Charles Ryrie betont die entscheidende Bedeutung der Gnade für den christlichen Glauben, wenn er sagt: „Ohne die Gnade ist das Christentum nichts."[28] Das Motto der ersten Gemeinde und besonders das von Paulus war: „Alles ist Gnade und die Gnade ist für alle da."[29]

Gnade: Gottes unverdiente Gunst

Die vielleicht bekannteste Definition dieses wichtigen neutestamentlichen Wortes lautet: „Gnade ist die unverdiente Gunst Gottes." Diese Definition ist zu einem Klischee geworden, aber sie ist ein genauer und hilfreicher Anfang, um ein gutes Verständnis von Gnade zu erlangen.

Wir sprechen von der Gnade *Gottes*, weil die Gnade ein unverzichtbarer Teil von Gottes Charakter ist. Wenn wir uns anschauen, wie er in der Bibel mit einzelnen Menschen und ganzen Völkern umgeht, erkennen wir, dass er ein Gott der Gnade ist. So war zum Beispiel der Grund für die Entscheidung, die Nachkommen Abrahams zu Gottes auserwähltem Volk zu machen, nicht etwa die Güte oder der Status Abrahams oder seiner Nachkommen, sondern es lag allein an Gottes großer Gnade. In ihnen gab es nichts, womit sie sich den besonderen Status als Gottes auserwähltes Volk verdient hätten. Dass er ihnen diese Gunst gewährte, zeigte, wie großzügig Gott im Umgang mit Abraham und seinen Nachkommen war. Oft haben sie Gott auf die Probe gestellt und sich gegen ihn aufgelehnt, aber während Israel durch die Wüste wanderte, erlebten sie immer wieder seine unglaubliche Gnade und erstaunliche Geduld. Selbst wenn Gott Israel züchtigte, tat er dies als Ausdruck seiner Liebe zu diesem Volk.

Gott bezeichnet sich selbst ausdrücklich als Gott der Gnade. Als Mose auf den Berg Sinai stieg, um das Gesetz zu empfangen, bat er um das Privileg, Gott sehen zu dürfen. Gott zeigte sich voller Macht und Herrlichkeit und er nannte sich bei einem Namen, der seinen Charakter offenbart. Mose erfuhr etwas Neues über den Gott, der sie aus Ägypten befreit hatte:

> „Er ging an Mose vorüber und sprach: »Ich bin der Herr, der barmherzige und gnädige Gott. Meine Geduld, meine Liebe und Treue sind groß.'" (2. Mose 34,6)

Der Gott, dem Mose am Berg Sinai begegnete, war ein gnädiger Gott, voller Barmherzigkeit und Güte. Mose konnte sich ganz sicher sein, dass der Gott, der sie durch die Wüste führen würde, ein barmherziger und gnädiger Gott war.

In Gottes Umgang mit dem Volk zeigt sich sein gnädiger Charakter. Selbst im Gericht zeigt er Gnade. Als die Stadt Jericho dem Gericht Gottes in Gestalt der Armee Israels gegenüberstand, zeigte Gott seine Gnade dadurch, dass er Spione in die Stadt sandte, die der gläubigen Rahab einen Weg zeigten, wie sie dem kommenden Gericht entfliehen konnte. Sie war eine heidnische Prostituierte, aber Gott erwies den Unwürdigen - selbst inmitten des absolut verdienten Gerichts - seine Gunst.

Die Bibel zeigt, dass Gott ein gebender Gott ist, der denen, die es eigentlich nicht verdienen, Leben, Liebe, Barmherzigkeit, Vergebung, Heilung, Kraft, Führung und Erlösung schenkt. Diesen Aspekt des Wesens Gottes, aus dem heraus er denen, die es nicht verdient haben, etwas schenkt, nennt man *Gnade*.

Wir sehen den Gott der Gnade auch im Leben von Jesus. Jesus hat das Wesen und die Haltung Gottes in vollkommener Weise offenbart und diese Offenbarung war von Gnade erfüllt. In der Einleitung zu seinem Evangelium schreibt Johannes: „Gottes Gnade und Wahrheit kamen durch Jesus Christus." (Johannes 1,17) Jesus war die Verkörperung der Persönlichkeit des Vaters; er hat die Gnade vollkommen vorgelebt, als er unter den Menschen wandelte. Er lud unwürdige Sünder offen dazu ein, Gott kennenzulernen und durch die Person und das Werk Jesu eine Beziehung mit ihm einzugehen. Gottes Gnade in Jesus zog die Menschen weg von ihrer Sünde und weg von sich selbst hin zu Gott.

Gnade ist eine Charaktereigenschaft des dreieinigen Gottes. Die Bibel beschreibt den Vater als Gott aller Gnade:

> „Der Gott aller Gnade aber, der uns berufen hat zu seiner ewigen Herrlichkeit in Christus Jesus, er selbst möge euch, nachdem ihr eine kurze Zeit gelitten habt, völlig zubereiten, festigen, stärken, gründen!" (1. Petrus 5,10; SLT)

In Johannes 1, 14 heißt es, dass Jesus die Offenbarung der Gnade ist:

> „Er, der das Wort ist, wurde Mensch und lebte unter uns. Er war voll Gnade und Wahrheit und wir wurden Zeugen seiner Herrlichkeit, der Herrlichkeit, die der Vater ihm, seinem einzigen Sohn, gegeben hat." (Johannes 1,14)

In einem mit Warnungen versehenen Abschnitt schreibt der Verfasser des Hebräerbriefes, dass der Heilige Geist der Geist der Gnade ist:

> „Wieviel schlimmerer Strafe, meint ihr, wird derjenige schuldig erachtet werden, der den Sohn Gottes mit Füßen getreten und das Blut des Bundes, durch das er geheiligt wurde, für gemein geachtet und den Geist der Gnade geschmäht hat?" (Hebräer 10,29 LT)

Die Gnade ist ein unverzichtbarer Aspekt von Gottes Charakter. Von ihm stammt jede wahrhafte Gnade. Im Neuen Testament ist die Gnade zweifellos *Gottes* unverdiente Gunst.

Wir bekommen etwas, das wir nicht verdient haben

Wir sagen, dass die Gnade unverdient ist, weil der Empfänger sie nicht selbst erarbeitet hat. Der Grund für das Schenken der Gnade kann nur in dem Geber gefunden werden, nämlich in Gott. Paulus beschreibt dies ganz deutlich in seinem Brief an die Römer:

> „Wenn Menschen arbeiten, erhalten sie ihren Lohn nicht als Geschenk. Ein Arbeiter hat sich verdient, was er bekommt. ... Wenn der Grund dafür aber die Gnade Gottes war, dann geschah es nicht aufgrund guter Taten, denn sonst wäre die Gnade Gottes nicht mehr das, was sie ist: ein freies, unverdientes Geschenk." (Römer 4,4; 11,6)

Paulus hat es ganz einfach ausgedrückt: Gnade kann man sich nicht so erarbeiten, wie man sich seinen Lohn verdient. Verdient man sich Gnade in *irgendeiner* Weise, ist es keine Gnade mehr. Die Gnade hat überhaupt nichts mit dem Wert des Menschen zu tun, der sie empfängt. Ich will dies mit einem frei erfundenen Beispiel verdeutlichen:

Johannes und Miriam sind gute Christen. Eines Tages geht Johannes zu Miriam und sagt: „Miriam, weil du ein so guter Mensch bist, werde ich dir einen Euro schenken." Ist das Gnade? Nein, denn Johannes gibt Miriam den Euro, weil sie etwas getan hat oder weil sie so nett ist. Natürlich ist Johannes *großzügig* und *gütig*, aber er erweist ihr nicht die Art von *Gnade*, von der wir im Neuen Testament lesen.

Jetzt ist Miriam an der Reihe. Sie sagt: „Johannes, ich weiß, dass du nicht an deinen Fingernägeln kauen willst und dass du versucht hast, damit aufzuhören. Du hast bisher so tolle Fortschritte gemacht, dass ich dich dafür mit einem Euro belohne."

Ist das Gnade? Natürlich nicht. Auch hier wurde Miriams Geben durch etwas motiviert, das Johannes getan (oder nicht mehr getan) hat. Genauso wird Gottes Gnade nicht gewährt, weil wir etwas ihm zuliebe tun oder nicht tun.

Das Geben geschieht nur dann aus Gnade, wenn Miriam jemandem etwas gibt, weil sie geben *möchte*. Das Geben geschieht also nicht aufgrund einer Handlung von Johannes oder was er gelobt, zukünftig zu tun. Wie ich schon sagte, Johannes und Miriam sind gute Menschen. Johannes ist vielleicht sogar so gut, dass er es tatsächlich *verdient hat,* einen Euro zu bekommen. Aber wenn Miriam aus Gnade gibt, ist es egal, ob Johannes so gut ist oder nicht; sie gibt, weil sie gerne geben möchte.

Gott ist in seiner Gnade diese Art von Geber. Für die Gnade spielt es keine Rolle, ob du dir etwas verdient hast oder nicht. Sie sagt nicht, dass du gar nichts verdienst (wie wir später sehen werden, steht das so im Gesetz); sondern vielmehr, dass unser Verständnis vom Verdienen nichts mit Gottes Art des Gebens zu tun hat. Die Gnade wird allen gleichermaßen zuteil, verdient oder nicht. Gott sucht nicht nach einem Grund, die Menschen zu beschenken. Sie dürfen Empfänger der Gnade sein, ohne dass ihr eigener Verdienst dafür ausschlaggebend ist. Anlass und Motivation liegen allein beim Geber.

Wir können das Geschenk der Gnade nicht mit unserem Verhalten beeinflussen. Wir werden nicht so behandelt, wie wir es verdient hätten und wir werden auch nicht *besser* behandelt, als wir es verdient hätten. Miriam könnte zu Johannes sagen: „Johannes, du bist so gut, dafür hast du dir 50 Cent verdient, aber weil ich so großzügig bin, gebe ich dir einen Euro."

Viele Menschen glauben, dass Gottes Gnade so funktioniert. Sie glauben, dass wir nur wenig von Gott verdient haben (vielleicht weil wir glauben oder Buße getan haben), und dass Gott uns, weil er gnädig ist, viel schenkt, obwohl wir nur wenig verdient haben. Aber das ist keine Gnade, weil das Prinzip des Erarbeitens dabei immer noch eine Rolle spielt. Johannes hat sich etwas verdient und Miriam gibt ihm einfach etwas mehr. Die Gnade behandelt uns ganz unabhängig vom Prinzip des Verdienens. Wie Charles Ryrie sagt: „Es liegt im Wesen der Gnade, dass es bei ihr kein Verdienen gibt."[30]

In Matthäus 20 erzählt Jesus eine Geschichte, die zeigt, dass Gottes Art des Gebens nicht davon abhängig ist, was ein Mensch verdient hat. Dieses Gleichnis wurde - wie alle Gleichnisse - nicht gelehrt, um ein vollständiges theologisches Prinzip zu vermitteln, sondern um eine bestimmte Wahrheit hervorzuheben, nämlich Gottes Recht, aus Gnade zu geben, unabhängig von der menschlichen Vorstellung davon, wer eine Belohnung verdient hat.

Jesus erzählte von einem Gutsherrn, der Arbeiter für seinen Weinberg brauchte. Eines frühen Morgens heuerte er auf dem Marktplatz mehrere Arbeiter an und bot ihnen dafür einen Denar (den üblichen Tageslohn für einen Arbeiter). Gegen 9:00 Uhr morgens heuerte er am Marktplatz weitere Arbeiter an. Um 12:00 Uhr und schließlich noch einmal um 15:00 Uhr warb er noch mehr Arbeiter an. Auch um 17:00 Uhr fand er noch Arbeiter, die er prompt anstellte. Allen Arbeitern, die er von 9:00 Uhr an beschäftigte, sagte er, „Was immer Recht ist, werdet ihr bekommen." Als der Arbeitstag vorbei war, begann er, den Arbeitern ihren Lohn zu zahlen, angefangen bei denen, die zuletzt angeheuert worden waren.

Obwohl sie nur eine Stunde gearbeitet hatten, zahlte er ihnen einen Denar – den vollen Tageslohn. Ich kann mir vorstellen, wie gespannt die Arbeiter gewesen sein mussten, die seit dem frühen Morgen gearbeitet hatten. Als sie die Männer sahen, die nur wenige Stunden dabei gewesen waren und doch den vollen Tageslohn bekamen, dachten sie vermutlich: „Wenn der Gutsherr sie für einen ganzen Tag bezahlt, wird er uns vermutlich das Geld für die Arbeit von zwei oder drei Tagen geben. Wir haben ja schließlich zwei- bis dreimal so viel gearbeitet wie diese Nachzügler." Doch er gab jedem Arbeiter nur den Lohn für einen ganzen Tag, egal, ob seine Arbeit beim Morgengrauen oder zur Mittagszeit begonnen hatte.

Als die Männer, die früh morgens angestellt worden waren, ihren Lohn bekamen, beschwerten sie sich. Sie empfanden es als ungerecht, dass sie den ganzen Tag lang gearbeitet hatten und jetzt den gleichen Lohn bekamen wie die, die nur eine Stunde lang gearbeitet hatten. Der Gutsherr sagte zu den Arbeitern, die sich beschwerten:

> „Nimm dein Geld und gib dich zufrieden. Ich will aber diesem letzten Arbeiter genauso viel geben wie dir. Oder ist es mir nicht erlaubt, mit meinem Geld zu machen, was ich will? Willst du dich etwa darüber beklagen, dass ich gütig bin?"
> (Matthäus 20,14-15)

Dieses Gleichnis beschreibt die Gnade nicht optimal, denn es geht auch um Arbeit und Verdienst. Aber was es über Gottes Gnade aussagt, dürfte den meisten von uns Unbehagen bereiten. In dem Gleichnis scheint Gott ungerecht zu sein. Sollten nicht die, die länger gearbeitet haben, auch mehr verdienen? Ist ein Tag Arbeit nicht mehr wert als eine Stunde Arbeit? Aber Jesus hat gezeigt, dass Gott einem Mann oder einer Frau aus dem Reichtum seiner Güte geben kann, *völlig unabhängig* davon, was sie verdient haben Um ehrlich zu sein, hätte den Männern, die nur eine Stunde gearbeitet haben, nicht so viel zugestanden, wie denen, die den ganzen Tag gearbeitet haben. Doch der Gutsherr wollte sie gleich hoch entlohnen, was sein gutes Recht war.

Was wäre, wenn du morgen herausfinden würdest, dass jemand bei deiner Arbeitsstelle eine große Prämie bekommen hat, die sein normales Gehalt deutlich übersteigt? Natürlich bekommst du den Lohn, mit dem du gerechnet hast, aber dein Kollege bekommt diesen unerwarteten Bonus. Vielleicht bist du schon länger in der Firma, vielleicht trägst du mehr Verantwortung und vielleicht arbeitest du sogar härter als dein glücklicher Kollege und trotzdem hat der Chef *ihm* und nicht *dir* den Bonus gegeben. Wie würdest du dich dann fühlen? Würdest du dich für deinen Kollegen freuen oder wärst du sauer auf deinen Chef? Die meisten Menschen würden wahrscheinlich ähnlich reagieren wie die Arbeiter, die im Gleichnis zuerst eingestellt wurden, sie würden sich über die Großzügigkeit des Chefs ärgern.

Vielleicht haben wir insgeheim das Gefühl, dass diese unverdiente Wohltat nur uns persönlich zuteilwerden sollte. Vielleicht hat dein Chef nicht die Befugnis, einem Mitarbeiter unverdientermaßen eine solche Gunst zu erweisen, aber das Gleichnis von Jesus zeigt, dass Gott dieses Recht sehr wohl hat. Der König der Könige kann mit Männern und Frauen auf dem Boden der Gnade gerecht umgehen, ohne darauf zu achten, ob sie es verdient haben oder nicht. Die Frage ist nicht, ob Gott das Recht hierzu hat, sondern nur, wie wir damit umgehen. Werden wir auf Gottes souveräne Gnade mit Missgunst oder mit Begeisterung reagieren?

Beunruhigend an diesem Gleichnis und der Darstellung von Gnade ist die Tatsache, dass wir das Konzept, in dem jeder bekommt, was er verdient, vom Grundsatz her *mögen*. Es ist berechenbar und sicher. Schließlich ist es ja nobel, Almosen, also etwas Unverdientes, abzulehnen und sich alles selbst zu verdienen. Nach der Regel „Du bekommst nur, was du verdienst" gibt es nie einen Zweifel daran, wo du in der Welt stehst und wie du dorthin gekommen bist.

Trotzdem sollten wir niemals vergessen, dass Gottes Reich nicht auf dem Grundsatz aufgebaut ist, dass sich jeder seinen Zutritt *verdienen* muss. Auch wenn Gott hingebungsvolles Dienen anerkennt und belohnt, ist er in keiner Weise dazu verpflichtet, uns gemessen an unserem Tun zu belohnen oder zu segnen. Aus diesem Grund kommt jemand, der Christus erst auf dem Sterbebett vertraut und im letzten Moment gerettet wird, in denselben Himmel wie einer, der ihm 80 Jahre lang treu gedient hat. Aus menschlicher Perspektive ist das weder gerecht noch richtig, aber in den Augen Gottes zeigt es die Herrlichkeit seiner Gnade.

Gott mag uns

Schlussendlich können wir sagen, dass die Gnade Gottes eine unverdiente *Gunst* ist, weil sie uns zeigt, wie Gott den Menschen *sieht* und was er für den *empfindet*, der seine Gnade empfängt. Er sieht diese Person in einem positiven Licht. In der Zeit, zu der Paulus lebte und wirkte, wurde mit dem Wort *Gnade* (*charis*) die Gunst des Kaisers beschrieben, wenn er Menschen und Städte des römischen Reiches mit Geschenken und Annehmlichkeiten erfreute.[31] Wer die *charis* des Herrschers erhielt, konnte davon ausgehen, dass der Kaiser Roms ihn besonders schätzte. Gottes Gnade zu empfangen, bedeutet, dass man von dem Gott des Universums in besonderem Maße geschätzt wird. So behandelt er alle, die seine Gnade empfangen. Er *mag* sie!

Dies wird noch deutlicher, wenn wir uns einmal das Wort *Ungnade* ansehen. Wenn wir in Ungnade fallen, wird uns kein Wohlwollen entgegengebracht und wir werden in einem schlechten Licht gesehen. In diesem Moment erleben wir nur Schmach und Erniedrigung - keine Ehre, keinen Ruhm und keine Anerkennung. Glücklicherweise fällt der Gläubige bei Gott nicht in *Un*gnade, sondern Gott empfängt ihn in Gnade. Ein Christ erlebt Gottes Gunst und sein Wohlgefallen aufgrund seines großzügigen und freigiebigen Wesens, unabhängig von den Werken oder Fähigkeiten des Gläubigen.

Vielen fällt es schwer, diese Wahrheit zu akzeptieren. Vielleicht schaffen wir es bis zu dem Punkt, wo wir wirklich glauben, dass Gott uns liebt, aber es ist schwieriger zu glauben, dass er uns auch *mag*. Schließlich kennen wir einige Menschen, die wir liebhaben, aber nicht wirklich mögen, weil sie uns auf die Nerven gehen. Familienbeziehungen sind oft so. Wir mögen Onkel Herbert nicht besonders und würden unsere Zeit lieber nicht mit ihm verbringen. Doch er gehört zur Familie und deshalb haben wir ihn lieb und schicken ihm jedes Jahr Weihnachtsplätzchen und eine Karte.

Da wir uns bewusst sind, dass die Art und Weise, wie wir unser Leben auf Gott ausrichten, nicht vollkommen ist, denken wir schnell, dass Gott genauso von uns denkt, wie wir von Onkel Herbert. Wir denken, dass er uns liebt, weil wir „zur Familie gehören" und er uns deshalb lieben muss, aber wir befürchten, dass er *uns eigentlich nicht mag*. Gottes Gnade versichert uns das Gegenteil. Gott - unser Vater – liebt uns nicht einfach wegen einer familiären Verpflichtung. Er findet uns nicht lästig und er duldet uns auch nicht, so gut es gerade geht. Es ist vielmehr so, dass er etwas Schönes sieht, wenn er die ansieht, die in Jesus Christus sind. Es bereitet ihm Freude und Vergnügen. *Du* bist schön für ihn.

Wenn wir all das in Betracht ziehen, sehen wir, dass die Gnade Gottes eine unverdiente Gunst ist. Aber sie ist noch viel mehr. Alan Redpath sagte dazu:

> „Was bedeutet denn dieses Wort *Gnade*? Es wurde schon oft als Gottes unverdiente Gunst definiert. Klar, das ist eine Definition, aber es ist nur eine sehr eingeschränkte Erklärung dessen, was das Wort bedeutet ... Mittlerweile hat es viele verschiedene Bedeutungen angenommen. Als dieses Wort in den frühen Stadien der Geschichte verwendet wurde, beschrieb es den Wunsch, anderen Menschen Güte, Gesundheit und Stärke, Schönheit und Anmut zu verleihen. Später wurde es etwas bedeutungsreicher und meinte die eigentliche Handlung, die den Wunsch ausdrückte, anderen Gutes anstelle von Bösem, Gesundheit anstelle von Krankheit, Schönheit anstelle von Hässlichkeit, Ruhm anstelle von Strafe zu bringen."[32]

Wenn wir die Bedeutung und die Tragweite von Gnade erst einmal begriffen haben, gewinnt die Bibel eine neue Bedeutung. Gnade ist nicht mehr nur eine vage, unpersönliche Kraft, die irgendwie zur Erlösung geführt hat, sondern sie beschreibt die *Haltung* und die *Akzeptanz*, die Gott mir entgegenbringt. Wir merken plötzlich, dass die Bibel voll von Beispielen für Gottes gnädiges Handeln ist. Wir lesen, wie gnädig er sich dem

Gläubigen gegenüber verhält. Und uns wird klar, dass das Neue Testament ständig davon spricht, dass der Gläubige in der Gnade steht und in der Gnade bleiben muss. Diese Lehren des Neuen Testaments können unser Leben verändern, denn Gottes Gnade ist lebensverändernd.

Kapitel Drei

Aus Gnade gerettet

Denn aus Gnade seid ihr gerettet durch den Glauben, und das nicht aus euch – Gottes Gabe ist es; nicht aus Werken, damit niemand sich rühme.
(Epheser 2,8-9; SLT)

Vorherbestimmung oder freier Wille? Diese Frage hat viele Theologen Zeit, Verstand, Mühe und Nerven gekostet, ob Laien oder Profis. Mit der kurzgefassten Antwort „Vorherbestimmung" oder „freier Wille" (auch bekannt als Calvinismus oder Arminianismus) soll angeblich der eigene Standpunkt zu einer Vielzahl von Lehrfragen erkennbar werden. In mancher Hinsicht sind die Unterschiede zwischen den beiden Lagern sehr groß und unüberbrückbar, in anderer Hinsicht sind die Unterschiede oberflächlich und nebensächlich.

Zum Beispiel sollten alle Christen in der Lage sein, die Frage: „Warum bist du Christ?" mit: „Weil Gott mir gnädig war", beantworten können. Das ist eine wichtige Grundlage, die alle Christen - egal ob Calvinist oder Arminianer – genauso sehen. Aber da scheint die Übereinstimmung auch schon aufzuhören und übrig bleiben Streitpunkte mit unterschiedlichen Ansichten und keiner Lösung!

Tatsächlich entfacht sich die Debatte an der Rolle, die die Gnade bei der Rettung spielt. Theologen verwenden den Begriff *Gnade* gerne, wenn sie über Gottes Anteil an unserer Rettung sprechen. Calvinisten („alles ist vorherbestimmt") sehen die Rettung als Werk der Gnade Gottes an, die aus dem Zusammenwirken mit dem menschlichen Willen *resultiert*. Die Arminianisten („jeder hat einen freien Willen") sehen die Rettung als ein Werk der Gnade Gottes, das die Mitarbeit des menschlichen Willens *voraussetzt*. Beide Seiten glauben, dass *sowohl* Gottes Initiative *als auch* die Reaktion des Menschen als Faktoren des Erlösungsprozesses miteinander verbunden sind; sie sind sich jedoch sehr uneinig darüber, wie diese Faktoren zusammenwirken.

In diesem Buch geht es um die Gnade und wie wir in ihr leben können. Wir werden die Debatte über den Anteil des Menschen am Erlösungsprozess hinter uns lassen und uns auf den Anteil Gottes konzentrieren. Dabei sollten wir eine Falle vermeiden, in die viele Theologen (ob Profis oder Laien) leicht tappen. Wir müssen uns daran erinnern, dass Gnade nicht irgendeine vage, unpersönliche Gewalt ist, die zur Erlösung führt; sie ist die unverdiente Gunst Gottes. Gnade ist eher eine Haltung als eine Macht. Da Gott Gott ist und er souverän und allmächtig ist, ist seine Haltung natürlich von Macht erfüllt. Dennoch sollten wir es vermeiden, Gnade als eine Art unpersönliche Gewalt zu betrachten.

Wovor sind wir gerettet worden?

Eine der besten Aussagen in der Bibel über Gottes Gnade und Erlösung findet sich in Epheser 2,8-9. Zunächst lesen wir, dass wir durch Gnade gerettet sind. Das Konzept des Gerettetseins ist bekannt und gut, aber oft verstehen wir nicht, wovon wir gerettet wurden und wir tun uns schwer damit, es anderen richtig zu erklären. Wenn man sagt, dass jemand Rettung braucht, muss man ihm auch erklären können, dass er in Gefahr ist und dass er ohne Rettung Schaden nehmen wird. Aber wovon müssen wir gerettet werden? Zu diesem Thema wurden schon umfangreiche Bücher geschrieben, aber wir können eine grundsätzliche Antwort in ein paar Absätzen zusammenfassen.

Aus dem Neuen Testament geht hervor, dass es mindestens vier Dinge gibt, vor denen wir in Christus gerettet werden können, allen voran die Sünde. Als der Engel Gabriel Maria mitteilte, dass sie von Gott auserwählt sei, auf wundersame Weise den Messias zu empfangen und zu gebären, gab er ihr genaue Anweisungen zu seinem Namen:

> „Und siehe, du wirst schwanger werden und einen Sohn gebären; und du sollst ihm den Namen Jesus geben. Dieser wird groß sein und Sohn des Höchsten genannt werden." (Lukas 1, 31-32; SLT)

Das Erste (und vielleicht Größte), wovon uns Gottes Gnade rettet, ist die Sünde. Es ist unsere Sünde, die uns von Gott trennt und sein Ebenbild in uns entstellt und verunstaltet. In gewisser Hinsicht ist der Egoismus die Wurzel der Sünde. Jemand hat mal gesagt, dass das Zentrum der Sünde das „Ich" sei. Dieses selbstsüchtige, vom eigenen Willen bestimmte Verlangen infiziert auf die eine oder andere Weise jeden Teil des menschlichen Seins und der ganzen Welt.

Vor seiner politischen Karriere war Abraham Lincoln ein bekannter Bürger der Stadt Springfield im Staat Illinois. Eines Tages hörten seine Nachbarn die Schreie seiner Kinder auf der Straße. Erschrocken stürzte einer seiner Nachbarn aus dem Haus und fand Lincoln und zwei seiner Söhne, beide hemmungslos weinend.

„Was haben ihre Jungs denn für ein Problem, Mr. Lincoln?" fragte er. „Das gleiche Problem wie alle auf der Welt", erwiderte Lincoln mit einer Spur von Bedauern in der Stimme. „Ich habe drei Walnüsse und jeder von ihnen will zwei."[33]

Lincolns Bemerkung trifft den Kern der Wahrheit. Die Quelle alles Bösen in der Welt ist unser Eigenwille. Es ist Gottes Plan, diese Einstellung in unserem Herzen zu verändern und uns einen Zugang zu der Kraft zu geben, die wir brauchen, um die Sünde zu besiegen. Die Wurzel jedes menschlichen Problems ist entweder das direkte oder indirekte Ergebnis von Sünde und Jesus ist gekommen, um uns durch seine Gnade von der Sünde und Tyrannei dieses eigenwilligen Verlangens zu befreien.

Wir wurden auch vor unseren Feinden gerettet. Als Zacharias, der Vater von Johannes dem Täufer, den kommenden Messias prophezeite, sagte er:

> „Einen mächtigen Retter aus dem königlichen Geschlecht seines Knechtes David hat er uns gesandt. (...) Nun werden wir vor unseren Feinden und vor allen, die uns hassen, gerettet werden." (Lukas 1,69+71)

Es kommt der Tag, an dem jeder gottgefällige Mensch Frieden und Ruhe erfahren wird; dann wird jede Verfolgung enden und der Feind des Evangeliums wird zum Schweigen gebracht werden. Bis zu diesem Tag hat Gott uns verheißen, dass wir vor der Macht und Autorität *des* Feindes gerettet werden - vor Satan, dem Feind unserer Seelen. Satans Methoden haben sich durch jahrhundertelange Erfahrung weiterentwickelt, er ist jedoch ein Feind, der durch das Werk Jesu am Kreuz bereits entwaffnet wurde. In Kolosser 2,15 beschreibt Paulus, wie Jesus durch seinen Sieg auf Golgatha „die Herrscher und Mächte dieser Welt entwaffnete. Er hat sie öffentlich bloßgestellt, indem er durch Christus am Kreuz über sie triumphiert hat." Die Herrscher und Mächte, die Paulus hier beschreibt, sind nichts anderes als dämonische Mächte, die sich im Widerstand gegen die Christen vereint haben. Jesus hat diese Mächte entwaffnet, indem er durch das Kreuz den Weg zum Sieg für uns freigemacht hat. Dieser Weg ist es auch, den er uns in seinem Gnadenplan zeigt.

Doch der Teufel ist nicht unser einziger Feind; auch die Welt buhlt darum, dass wir uns ihr anpassen. Wir werden ständig mit den gottlosen Einstellungen und Werten bombardiert, die unsere Gesellschaft ausmachen. Ob wir es merken oder nicht: Wir sind das Ziel des gleichförmig machenden Einflusses dieser Welt. Wenn wir uns den Trends und Moden anpassen und die Idole der Welt bewundern, wird deutlich, wie sehr wir von diesem Einfluss geprägt sind. Dank der Kraft der Gnade Gottes können wir uns vor dem Feind der Welt und seiner manipulierenden Einflussnahme schützen. So sagt uns Petrus in seiner Pfingstpredigt:

> „Und noch mit vielen anderen Worten gab er Zeugnis und ermahnte und sprach: Lasst euch retten aus diesem verkehrten Ge-schlecht." (Apostelgeschichte 2,40; SLT)

Die Welt ist gnadenlos in ihrem Versuch, uns in einer gottfeindlichen Mentalität zu vereinen, aber durch Jesus können wir aus dieser verdrehten Generation gerettet werden.

Bislang haben wir gesehen, dass wir vor den drei klassischen Feinden unseres Glaubens bewahrt werden können: vor der Welt (*diesem verkehrten Geschlecht*), unserem Fleisch (*unseren Sünden*) und vor dem Teufel (*unseren Feinden*). Aber es gibt noch eine weitere Sache, vor der wir gerettet werden müssen. Darüber spricht Paulus in seinem Brief an die Römer:

> „Wieviel mehr nun werden wir, nachdem wir jetzt durch sein Blut gerechtfertigt worden sind, durch ihn von dem Zorn gerettet werden!" (Römer 5,9; SLT)

Der Zorn, von dem Paulus in diesem Abschnitt spricht, ist kein menschlicher Zorn, sondern der heilige, gerechte Zorn Gottes. Wie sind wir jemals zur Zielscheibe seines Zorns geworden? Weil wir uns den Wünschen des Fleisches, der Rebellion dieser Welt und den Täuschungen des Teufels hingegeben haben, wandten wir uns gegen Gott und seinen Willen. Wir haben uns des Hochverrats gegen Gott schuldig gemacht und haben seinen Zorn voll und ganz verdient.

Das verstehen oder glauben die Menschen heute nicht mehr. Viele denken, es sei ungerecht, wenn Gott seinen Zorn an irgendjemandem auslässt, schon gar nicht an jemandem, den sie kennen. Die Hölle gilt für sie als ein Ort, der für einige der übelsten Personen der Weltgeschichte reserviert ist, aber Menschen, die ein normales Leben führen, sollen eine Freikarte für den Himmel bekommen. Gott ist in ihren Augen kein gesetzestreuer und gerechter Richter mehr; sondern eher ein alter, großväterlicher Herr, dessen einziger Charakterzug eine unaufdringliche Freundlichkeit ist.

Aber das ist nicht der Gott der Bibel. Dort lesen wir, dass jeder Mensch den Zorn Gottes zu Recht verdient und wenn es nicht sein Angebot der Erlösung durch Jesus gäbe, würde jeder diesen Zorn zu spüren bekommen. Wir sollten niemals davon ausgehen, dass Gottes Barmherzigkeit und Gnade seine Gerechtigkeit und sein Gericht irgendwie aufheben. Vielmehr ist Gottes Heilsplan so groß, dass er einen Weg bietet, seinem Zorn zu entkommen, ohne seiner Gerechtigkeit zu widersprechen. Wenn wir also durch Jesus zum Vater kommen, werden wir nach seinem Gnadenplan vor dem Zorn Gottes, den wir absolut verdient haben, gerettet.

Wovor wurden wir gerettet? Wenn wir unser Vertrauen auf Jesus setzen, werden wir vor der tyrannisierenden Unterdrückung der Welt, des Fleisches und des Teufels und auch vor dem gerechten Zorn Gottes gerettet. Tragischerweise ignorieren viele die Tatsache, dass sie vor diesen Gefahren gerettet werden müssen. Satan, der Gott dieser Welt, hat die Gedanken der Ungläubigen so verblendet, dass sie das herrliche Licht der Botschaft nicht wahrnehmen können (2. Korinther 4,3-4) und sie können weder ihre Not noch den Ausweg aus derselben sehen, den Jesus ihnen anbietet.

Die Gnade kam durch Jesus und sein Werk zu uns

Wir sind uns einig, dass wir gerettet werden müssen, aber wie ermöglicht die Gnade unsere Rettung? Zunächst würde jeder Christ zustimmen, dass wir durch die Person und das Werk Jesu gerettet werden. Seine Person und sein Werk sind ein Beispiel für Gottes gnädige Liebe zu uns. Der Apostel Johannes sagt uns: „Er, der das Wort ist, wurde Mensch und lebte unter uns. (…) voller Gnade und Wahrheit (…) Gottes Gnade und Wahrheit kamen durch Jesus Christus". (Johannes 1,14+17) Mit anderen Worten: Als Jesus Mensch wurde, lebte er die Gnade Gottes vor.

Allein die Tatsache, dass Jesus in die Welt *kam*, beweist, dass Gott uns liebt, obwohl wir es nicht verdient haben. Hat die Menschheit oder haben Einzelne es *verdient*, dass Jesus den Himmel verließ? Gab es eine Abstimmung auf der Erde, in der beschlossen wurde, dass wir zu besseren Menschen werden müssen, bevor Jesus zu uns kommt? Hat Gott vom Himmel hinuntergeschaut und gesagt: „Oh, es gibt dort einige Menschen, die so brav sind, dass sie einen Retter verdient haben"? Natürlich sind diese Gedanken lächerlich. Jesus kam in eine feindselige, Gott hassende und von Sünde durchdrungene Welt. Er kam nicht, weil wir einen Retter *verdient hätten*, sondern weil Gott die verlorenen Menschen liebt.

Die Gnade Gottes zeigte sich nicht nur im Kommen Jesu, sondern auch in seinem ganzen Leben. Interessanterweise erwähnte Jesus das Wort Gnade in seinen Lehren nie (außer im Sinne von Danksagung). Erst später, durch den Apostel Paulus, hat uns Gott Konkretes zum Thema Gnade offenbart. Obwohl Jesus den Ausdruck an sich kaum verwendete, sprach er in seinen Predigten häufig vom Konzept der Gnade. Und was noch wichtiger ist: Sein Leben und sein Dienst waren ein praktisches Beispiel für Gottes Gnade. Durch seine Liebe zu Sündern und sozial Geächteten war seine unverdiente Gunst für alle sichtbar. Die Zöllner, Prostituierten und anderen Sünder, mit denen er sich anfreundete, empfingen seine Liebe nicht, weil sie ihrer würdig waren, sondern weil Jesus die Gnade ausgelebt hat.

Wenn Jesus während seines irdischen Wirkens nur denen Gottes Liebe erwiesen hätte, die sie verdienten, wären keine Kranken geheilt, keine Besessenen befreit und keinem Sünder vergeben worden. Doch sein ganzes Leben und Wirken war geprägt von der Gnade Gottes.

Am deutlichsten zeigt sich die Gnade jedoch in Jesu Tod. Niemand kann die Berichte der Evangelien über die Verhaftung, den Prozess und die Kreuzigung von Jesus lesen, ohne zu erkennen, dass er für die starb, die es nicht verdient hatten. Niemand hat es verdient, so geliebt zu werden, aber Gott hat diese Liebe aus dem Reichtum seiner Gnade gegeben. Auf Golgatha zeigte Gott die Größe seiner Liebe in ihrer ganzen Pracht. Im Kontrast dazu wurden auf Golgatha auch die Sünde und der Hass der Menschheit in ihrem schwärzesten Ausmaß deutlich. Was könnte schlimmer sein, als dass Menschen sich daran erfreuen, den Gott der vollkommenen Liebe und Gerechtigkeit zu ermorden? Am Kreuz trafen das höchste Ausmaß der Liebe Gottes und das Schlimmste des menschlichen Hasses aufeinander und kämpften miteinander;

und mit dem leeren Grab Jesu wurde der Sieg von Gottes Liebe und Gnade verkündet.

Der Tod Jesu am Kreuz zeigt uns nicht nur die Gnade Gottes, sondern durch ihn wurde es auch möglich, dem Gläubigen Gnade und Vergebung zu schenken, ohne Gottes Gerechtigkeit anzutasten. Das ist ein wichtiger und oft missverstandener Teil des Werkes, das Jesus auf Golgatha vollbracht hat. Gott konnte zu einem ungehorsamen Volk nicht einfach sagen: „Okay, durch meine Gnade ist euch jetzt eure Schuld vergeben." Das wäre ein absoluter Verstoß gegen seine Rechtschaffenheit und Gerechtigkeit gewesen. Wir würden nicht viel von einem irdischen Richter halten, der Gesetzesbrecher vom Haken lässt, nur weil er an diesem Tag gute Laune hat. Wir würden zu Recht sagen, dass ein solcher Richter inkompetent sei und von der Richterbank entfernt werden sollte. Genauso hat Gott uns am Kreuz nicht vom Haken gelassen; er hat Jesus für uns „an den Haken" genommen. Das Urteil, das wir zu Recht verdient haben, wurde über ihn verhängt, als er den Platz der sündigen Menschheit einnahm. Das Kreuz hat Gottes Gerechtigkeit nicht umgangen; es hat sein gerechtes Gesetz erfüllt. Die Strafe wurde von Jesus und nicht vom Gläubigen bezahlt. So konnte die Gnade Gottes durch das Kreuz das Heil des Menschen bewirken, ohne seine Gerechtigkeit zu brechen.

Der Tag, an dem Jesus am Kreuz starb, war ein Tag des Gerichts. Gott machte Christus, der nie gesündigt hat, zum Opfer für unsere Sünden, damit wir durch ihn vor Gott gerechtfertigt werden können (2. Korinther 5,21); er nahm das Gericht auf sich, das die Sünder verdient hatten. Aber es wird auch einen Tag geben, an dem das Gericht vor dem großen weißen Thron Gottes stattfinden wird. Alle, die an diesem Tag vor Gott stehen, werden verurteilt und verdammt werden, wenn ihre Namen nicht im Buch des Lebens stehen. Heute gibt Gott der ganzen Menschheit die Gelegenheit, eine Entscheidung für ihren Tag des Gerichts zu treffen. Wenn wir uns entscheiden, auf Jesus zu vertrauen und von unseren Sünden umzukehren, sind wir schon in Jesus am Kreuz von Golgatha gerichtet worden. Wenn wir uns entscheiden, Jesus abzulehnen und an unserer Sünde festzuhalten, entscheiden wir uns damit auch, vor dem großen weißen Thron

Gottes gerichtet zu werden - und dort werden wir unsere Schuld selbst tragen müssen. Wir müssen uns darüber im Klaren sein, dass Gottes Gerechtigkeit das Gericht *über alle Sünden* erfordert und das wird auch geschehen. Wir dürfen uns jedoch entscheiden, entweder unsere eigene Strafe für die Sünde zu tragen oder das stellvertretende Werk von Golgatha anzunehmen und so durch Jesus Christus gerettet zu werden.

Wir haben gesehen, wie die Menschwerdung, das Leben und das Sterben unseres Retters Jesus Christus, Gottes Gnade für die Menschheit sichtbar gemacht hat. Gott hat das alles für eine Menschheit getan, die es nicht verdient hat. Mit dem Grab ist das anders, denn Jesus ist nicht in erster Linie *für uns* auferstanden - es musste einfach geschehen. Seine Auferstehung war unerlässlich, weil sie ihm zustand. Die Auferstehung geschah nicht aufgrund von Gottes gnädiger Liebe zu den Menschen. So wie der Vater die Sünde des Menschen, die auf Jesus lastete, mit Recht richten konnte, so konnte er auch nicht mit Recht zulassen, dass Jesus im Tod blieb.

Petrus hatte dieses Prinzip erkannt. In seiner Pfingstpredigt sprach er darüber und stellte fest, dass der Psalmist prophetisch die Gedanken Christi wiedergab, als er sagte:

„Denn du wirst meine Seele nicht bei den Toten lassen, du wirst nicht zulassen, dass dein Heiliger im Grab verwest." (Apostelgeschichte 2,27)

Jesus hatte nichts Unrechtes getan, als er die Sünden der Welt trug. Im Gegenteil: Dies war die größte und selbstloseste Liebestat aller Zeiten. Daher wäre es nicht gerecht oder richtig gewesen, wenn Jesus an die Ketten des Todes gefesselt geblieben wäre, und der Vater konnte seinen Heiligen nicht in einem Grab verwesen lassen. Jesus hatte es verdient, in aller Herrlichkeit von den Toten auferweckt zu werden.

Die Auferstehung war also für Jesus unerlässlich, doch die Gnade macht es für uns möglich, an seinem Sieg über den Tod teilzuhaben. Gott wäre völlig im Recht gewesen, wenn er die Wirkung und den Nutzen der Auferstehung nur für Jesus vorbehalten hätte. Er war es, der diesen Sieg über den Tod verdient hat, nicht wir. Aber weil Gott unfassbar gnädig ist, dürfen wir am Sieg über den Tod teilhaben, indem er uns die Auferstehung und das ewige Leben verspricht. Die Herrlichkeit der Auferstehung Jesu ist ein Vorgeschmack auf unsere eigene; er ist der Erstling der Auferstehung.

Gnade in unserer Rettung

Wir sehen die Gnade nicht nur in der Person und im Werk Jesu, sondern Gott gibt uns auch die Gelegenheit, das Werk der Gnade in unserem eigenen Leben zu erfahren. Dieses Werk Gottes in uns zeigt, dass die Rettung durch Gnade geschieht. Bei den meisten von uns hat es Wochen, Monate (vielleicht sogar Jahre) an Vorarbeit gebraucht, bis wir uns für Jesus Christus entschieden haben. Warum hat Gott so lange an uns gearbeitet? Wir alle sollten uns fragen: „Warum hat Gott mich erwählt? Warum hat er an meinem Herzen gearbeitet und dafür gesorgt, dass ich bereit war, das Evangelium anzunehmen? Etwa, weil ich es verdient habe?" Wenn wir ehrlich zu uns selbst sind, können wir nur mit „Nein" antworten.

Gott hat nicht die ganze Erde abgesucht, um jemanden zu finden, der es verdient hat, gerettet zu werden und dann dich oder mich ausgesucht. Die Gründe für seine Entscheidung liegen ausschließlich bei ihm, nicht bei uns. Er hat sich entschieden, unsere Herzen für die Erlösung zu öffnen, weil er es so wollte und nicht, weil wir es verdient hätten. Vielleicht gab es besondere Umstände, die dazu geführt haben, dass du dich für Jesus entschieden hast. Warum hat Gott diese Umstände so zusammengeführt? Weil er ein Gott der Gnade ist. Zum Glück steht in der Bibel: „Es ist sein Geschenk an uns durch Jesus Christus, der uns von unserer Schuld befreit hat". (Römer 3,24)

Die Tatsache, dass unsere Rettung auf Gnade beruht, ist sehr tröstlich, denn im Gegensatz zu unserem Glauben oder unseren Werken ist die Gnade ein sicheres und festes Fundament zur Rettung. Unser Glaube schwankt vielleicht, unsere Werke mögen unbeständig sein, aber Gottes Gnade bleibt immer gleich. Hinge die Rettung von meinem Glauben ab, würde ich mich bei jeder Unsicherheit fragen, ob ich wirklich gerettet bin. Wenn sie von meinen guten Werken abhinge, würde jede Sünde mein ewiges Leben in Frage stellen. Aber meine Rettung beruht auf der Gnade eines unveränderlichen Gottes. Es tut gut, das zu wissen! Denn es schenkt uns Frieden und Ruhe!

Aus Gnade, durch Glauben

In Epheser 2,8-9 erfahren wir, dass wir durch Glauben gerettet werden, ein Glaube, der nicht aus uns selbst kommt. Dies bringt uns zu einem Punkt, der vielleicht nur technisch erscheint, der aber für unser Verständnis von Erlösung und Gnade von entscheidender Bedeutung ist. Beachte, dass Paulus hier nicht sagt, dass wir *aus* Glauben gerettet sind, sondern dass wir *aus* der Gnade *durch den* Glauben gerettet sind. Das ist ein wichtiger Unterschied. Das Werk unserer Rettung wird durch die Gnade vollbracht und diese rettende Gnade empfangen wir durch den Glauben. Gott schenkt jedem das, was die Theologen gerne „Allgemeine Gnade" nennen. In Matthäus 5,45 heißt es: „Denn er ... sendet Regen für die Gerechten wie für die Ungerechten." Aber die Schätze seiner rettenden Gnade sind nur denen vorbehalten, die diese Gnade im Glauben empfangen. Paulus wiederholte diesen Gedanken in Römer 5,2 als er sagt, dass der Glauben unser Zugang zur Gnade ist. Wir können also nur durch unseren Glauben in den Genuss der rettenden Gnade kommen

Wenn wir sagen, dass wir Gnade durch Glauben empfangen, müssen wir uns daran erinnern, dass Glaube kein Werk ist, mit dem wir uns Gnade verdienen können. Es besteht die Gefahr, den Glauben als ein Werk anzusehen, mit dem wir uns ein Anrecht auf Gottes Gunst verdienen können. Gute Werke sind die Früchte echten Glaubens und können nicht von ihm getrennt werden. Genau darum geht es im Jakobusbrief. Obwohl gute Werke den wahren Glauben begleiten, ist der Glaube an sich kein Werk. Der Glaube lässt uns das Angebot Gottes sehen und darauf vertrauen, dass es wahr ist. Der Glaube sieht sich die Verheißungen Gottes an und sagt: „Ich glaube, sie sind für mich bestimmt." Ganz einfach ausgedrückt: *Der Glaube weigert sich, Gott als einen Lügner zu bezeichnen.* Er nimmt Gottes Wort für bare Münze und vertraut darauf, dass sowohl Gott als auch sein Wort zuverlässig sind. Wenn wir keinen Glauben haben, leugnen wir, dass das Wort Gottes wahr ist und bezeichnen ihn damit als Lügner. Welchen Wert hat es, Gott nicht einen Lügner zu nennen? Das ist einfach nur gesunder Menschenverstand.

Es gibt die Geschichte eines Sonntagsschullehrers, der eine Gruppe Jungen unterrichtete. Eines Tages bot er einem der Jungen eine brandneue Armbanduhr an. Der Junge dachte, es sei nur ein Trick. Aus Furcht vor dem Spott seiner Klassenkameraden, wenn der Trick auffliegt, nahm er die Uhr nicht an. Der Lehrer wollte sie nun dem nächsten schenken, aber er folgte dem Beispiel des ersten Jungen. Einer nach dem anderen wollte die Uhr nicht annehmen, denn das Angebot erschien ihnen zu gut, um wahr zu sein. Jeder glaubte, dass der Lehrer sie nur austricksen wollte. Der Lehrer bot dem letzten Jungen die Uhr an und der war mutig genug, sie anzunehmen. Als ihm der Lehrer die Uhr wirklich schenkte, waren die anderen Jungen überrascht und verärgert. Der Lehrer nutzte die Situation, um ihnen zu erklären, dass ein Geschenk, egal wie wunderbar es zu sein scheint, erst dann Gutes bewirken kann, wenn die Beschenkten dem Wort des Gebers glauben und das Geschenk annehmen.

1829 wurde in Pennsylvania ein Mann namens George Wilson von einem US-Gericht wegen Mordes und Diebstahls zum Tod durch Erhängen verurteilt. Präsident Andrew Jackson begnadigte ihn, aber George Wilson wollte die Begnadigung nicht annehmen. Er argumentierte, dass man ihn nur dann begnadigen könne, wenn er die Begnadigung auch annähme. Dies war eine Rechtsfrage, die nie zuvor aufgeworfen worden war und Präsident Jackson bat deshalb den Obersten Gerichtshof um ein Urteil. Der Oberste Richter gab folgendes Urteil bekannt: „Eine Begnadigung ist ein Schriftstück, dessen Gültigkeit von der Zustimmung des Betroffenen abhängt. Wird sie nicht angenommen, ist es auch keine Begnadigung. George Wilson muss gehängt werden."[34] Und das wurde er auch. Genauso ist das Angebot der Begnadigung und der Rettung in Jesus Christus an viele gerichtet, aber nur, wer sein Vertrauen auf Gott und sein Wort setzen wird, kann in den Genuss dieser Vergebung kommen.

Der Glaube ist wichtig für das Wirken der Gnade, weil sich damit der Kreis schließt. Wenn ich dir aus Gnade einen Euro schenke, musst du ihn im Glauben annehmen, bevor du damit etwas anfangen kannst. Wenn du nicht an mein Geschenk glaubst, hat es keinen Wert. Dieses Prinzip gilt auch für die Erlösung. Erst wenn wir glauben und empfangen, hat sich der Kreis geschlossen. Aber zuallererst müssen wir das loslassen, woran wir festhalten, damit wir annehmen können, was Gott uns geben möchte.

Eine beliebte Geschichte unter Predigern ist die eines Jungen, dessen Hand in einer Vase feststeckte. Seine Eltern versuchten alles Mögliche, doch die Hand steckte fest, sodass dem Jungen schon ganz bange wurde. Sie wollten die Vase schon zerbrechen, als der Junge fragte: „Würde es helfen, wenn ich die Murmel in meiner Hand loslasse?" Das gleiche Prinzip gilt auch für uns. Lassen wir die belanglosen Dinge, an denen wir verbissen festhalten, nicht los, können wir niemals frei sein und im Glauben empfangen.

Normalerweise haben wir die Hände voll mit Dingen, die falsch sind und uns selbst dienen, sodass wir Gottes Angebot der Rettung nicht annehmen können. Genau darum geht es bei der Buße. Es bedeutet, sich selbst von all dem zu lösen, was falsch und schlecht ist, damit wir das empfangen können, was Gott uns durch den Glauben geben möchte.

In Epheser 2,8-9 steht, dass dieser Glaube *ein Geschenk Gottes ist*. Wir hätten nicht einmal die Fähigkeit zu glauben und zu empfangen, wenn Gott dieses Werk in uns nicht bereits getan hätte. Deshalb begreifen wir umso mehr, dass der Glaube nichts ist, womit wir uns die Gnade zur Erlösung verdienen - der Glaube empfängt sie lediglich. In Apostelgeschichte 18,27 beschreibt Lukas eine Gruppe von Neubekehrten mit den Worten: „... *die durch Gottes Gnade zum Glauben gefunden hatten."* Ihr Glaube war, wie jeder wahre Glaube, ein Werk der Gnade, das Gott in ihrem Leben vollbracht hatte.

Nicht aus Werken

Schließlich sagt uns Paulus in Epheser 2,8-9, dass Gott das Konzept der Gnade so festgelegt hat, damit sich niemand rühmen kann, er sei durch seine eigenen großen Werke gerettet worden. Stell dir vor, was für ein schrecklicher Ort der Himmel wäre, wenn die Rettung aus Werken und nicht aus Gnade erfolgen würde. Jeder würde sich damit brüsten, wie treu er war, wie viele Menschen er zu Jesus geführt und wie viel er für Gottes Anliegen gegeben hat. Es gäbe eine Menge falscher Demut und Streit um die Frage, wer der Demütigste ist. Wir sollten Gott dafür danken, dass er die Erlösung so geregelt hat, dass unsere Prahlerei im Keim erstickt wird.

Unser Problem ist, dass wir oft eine Rettung durch Werke *wollen*, damit wir uns, wenn auch nur innerlich, damit brüsten können. Wir tun vielleicht gute Werke, um anderen zu beweisen, dass wir gute Christen sind oder wie „gerettet" wir sind. Es widerspricht unserem Naturell, ein Konzept zu schätzen, bei dem die Rettung geschenkt wird und jegliche Prahlerei ausgeschlossen ist. Deshalb verabscheut der natürliche Mensch, abgesehen vom Werk Gottes, die Gnade und das auf ihr beruhende Konzept der Rettung. Die Gnade sieht nicht auf das, was wir verdient haben, sondern einzig und allein auf Gottes gnädige Gabe. Die Gnade macht unserem Stolz einen Strich durch die Rechnung. Sie beweist uns, dass wir Gott alles verdanken und dass er uns nichts schuldet. James Moffatt drückt es so aus:

> „Gnade bedeutet, dass man Gott gegenüber verpflichtet ist, während das unausgesprochene Glaubensbekenntnis vieler lautet, Gott sei ihnen gegenüber verpflichtet oder zumindest sollte er eher benutzt als angebetet werden."[35]

Deshalb weigern sich stolze Menschen, durch das von Gott festgesetzte Konzept der Gnade zu Gott zu kommen. Stolze Menschen meinen, dass sie Gottes Gunst bereits haben und dass es nicht notwendig ist, die Rettung, die Jesus schenkt, anzunehmen.

- Stolz will in seinen Verdiensten gesehen werden; die Gnade weigert sich, diese anzuerkennen.
- Stolz hält sich aus oberflächlichen Gründen für besser als andere; Gottes Gnade sieht alle Menschen als gleich an.

- Stolz gibt dem Selbst Vorrang; die Gnade gibt Gott den Vorrang.

Ist es eine Überraschung, dass *„Gott sich den Stolzen entgegenstellt, den Demütigen aber Gnade schenkt"* (Jakobus 4,6)? Die Demütigen sind bereit, Gottes Gnade zur Erlösung zu empfangen, weil sie ihre Bedürftigkeit vor Gott erkennen und bereit sind, auf einer Basis zu ihm zu kommen, die ihre Verdienste außer Acht lässt. Die Demütigen erkennen, dass sie durch seine Gnade zu Jesus kommen müssen und nicht durch ihre Werke. Daraus folgt auch, dass Christen, die stolz sind, auch blind sind. Ein stolzer Gläubiger versteht nicht, dass er nur durch die Gnade und durch das, was Jesus vollbracht hat, von Gott angenommen werden kann, ohne auf das zu schauen, was sie meinen, durch ihre guten Werke verdient zu haben.

Was bedeutet das für uns?

Zunächst gilt es zu erkennen, dass das große Geheimnis des christlichen Lebens darin besteht zu glauben und zuzulassen, dass wir geliebt werden, obwohl wir es *nicht verdient haben*. Viele Menschen scheuen davor zurück, ihre Rettung anzunehmen, weil sie sich ihrer nicht würdig fühlen. Andere nehmen Gottes Liebe nicht an, weil sie überzeugt sind, dass sie ein solches Geschenk nicht verdienen. Gnade bedeutet: Es spielt keine Rolle, ob wir würdig sind oder nicht. Gnade ist nur dann Gnade, wenn sie gewährt wird, ohne dass der Beschenkte etwas dafür tun muss. Wie Moffatt über die Gedanken schrieb, die Paulus zum Thema Gnade formulierte: „Nur wer bereit ist zuzugeben, dass er unwürdig ist, kann dem Geber der Gnade sein Vertrauen schenken."[36] Mit anderen Worten: Du musst die Gnade Gottes nicht *suchen*, sondern du musst sie *annehmen*, denn sie wird denen gegeben, die sie im Glauben empfangen. Viele Menschen lernen ihr Leben lang Gottes Gnade nicht kennen, weil sie sie erst dann annehmen wollen, wenn sie meinen, sie verdient zu haben. Gnade, die man sich verdienen muss, ist gar keine Gnade. Lass dich nicht von der Lüge täuschen, die dir einredet, du müsstest warten, bis du meinst, du hättest sie verdient. Wenn du der Meinung bist, sie verdient zu haben, läufst du Gefahr, hochmütig zu werden.

Wenn du Jesus bereits für deine Rettung vertraust, dann freu dich über deine Rettung aus Gnade. Gott hat das Konzept seiner Gnade so gestaltet, dass es ihn verherrlicht und nicht den Menschen. Deshalb ist die richtige Reaktion auf deine Rettung, den Gott der Gnade zu loben. Und in diesem Lob darfst du dem König deines Heils in Dankbarkeit für alles, was er dir gegeben hat, dienen.

Wenn du diese Gnade empfangen *hast*, die die Grundlage unserer Rettung von der Sünde ist, achte darauf, dass du mehr für die Gnade tust, als du jemals für die Sünde getan hast. Lieben die Sünder ihre Sünde mehr, als wir den Gott unserer Rettung lieben? Dient die Welt der Sünde bereitwilliger, als wir unserem Gott der Gnade dienen? Wir sollten eine stärkere Liebe und einen erfüllten Dienst anstreben, nicht um uns Gottes Gunst zu verdienen, sondern um unsere Dankbarkeit für die erhaltene Gunst zu zeigen.

Kapitel Vier

In der Gnade stehen

Da wir nun aus Glauben gerechtfertigt sind, so haben wir Frieden mit Gott durch unseren Herrn Jesus Christus, durch den wir im Glauben auch Zugang erlangt haben zu der Gnade, in der wir stehen, und wir rühmen uns der Hoffnung auf die Herrlichkeit Gottes.
(Römer 5,1-2; SLT)

Eines Abends besuchte der berühmte Wissenschaftler Albert Einstein eine Dinnerparty. „Was machen Sie beruflich?", fragte ein junges Mädchen den weißhaarigen Professor. Einstein erwiderte: „Ich widme meine Zeit dem Studium der Physik."

Die junge Frau sah ihn erstaunt an. „Sie wollen mir sagen, dass Sie in Ihrem Alter noch Physik studieren? Ich habe mein Studium schon vor einem Jahr abgeschlossen!"[37]

Vielleicht denkst du auch so von der Gnade Gottes. Viele Christen meinen, sie könnten das Thema Gnade bald nach ihrer Bekehrung abhaken und sollten sich nun tieferen Wahrheiten zuwenden. Wenn du so denkst, musst du dich nicht schlecht fühlen, denn wahrscheinlich ist es dir nicht anders beigebracht worden. Aus diesem Grund verpassen viele Christen das überfließende Leben, das Jesus versprochen hat.

Ja, wir sind durch Gnade gerettet worden. Aber das Werk der Gnade endet nicht mit unserer Wiedergeburt. Wer denkt, Gnade sei eine Sache der Vergangenheit, wird schneller Opfer eines gnadenlosen Lebens. Wir müssen verstehen, dass wir nicht nur durch Gnade *gerettet* sind, sondern auch in der Gnade *stehen*.

Das Wichtigste zuerst

Gott hatte nie vor, dass sein Werk der Gnade uns lediglich einen Start in unser christliches Leben ermöglichen soll. In der Bibel lesen wir, wie wichtig es ist, in der Gnade zu stehen, an ihr festzuhalten und niemals von ihr abzuweichen, denn sie prägt unser ganzes Leben. Wenn wir an der Gnade festhalten, leben wir in dem Bewusstsein, dass wir Gottes Gunst und Zuneigung erleben dürfen, weil wir in Jesus Christus sind. Gnade bedeutet, dass Gott jeden einzelnen von uns als sein wunderschönes, wertvolles Eigentum schätzt und dass er uns immer lieben und versorgen wird. Wir haben bereits gelernt, dass Gott so für uns empfindet, weil er so ist, wie er ist. Es hängt nicht von uns ab; weder davon, wie wir heute sind, noch davon, wie wir vielleicht eines Tages sein werden.

Paulus hat die Christen wiederholt davor gewarnt, Gottes Gnade zu verlassen und er ermahnte sie: „Haltet an Gottes Gnade fest" (Apostelgeschichte 13,43). Natürlich predigte Paulus, dass die Rettung nur durch Gnade möglich ist (wie in Epheser 2,8), aber er wusste auch, dass sie mit der Bekehrung nicht an Relevanz verlieren würde. Gnade ist der *Grundsatz*, nach dem die Nachfolger Christi ihr Leben ausrichten sollten. Das Konzept der Gnade, dem wir unsere Rettung verdanken, sollte unseren christlichen Lebensweg von Anfang bis Ende prägen.

Aus diesem Grund richten sich einige der stärksten Warnungen im Neuen Testament an die, die Gefahr laufen, „aus der Gnade zu fallen" (wie z.B. Galater 5,1-4). Auch Petrus wusste, wie wichtig die Gnade in der Gegenwartsform ist, als er schrieb: „Dies ist die wahre Gnade Gottes, in der ihr steht" (1. Petrus 5,12; SLT). Für die ersten Christen war es klar, dass die Gnade ein fester Bestandteil in der Nachfolge Jesu war und nicht nur der Einstieg, in das Leben als Christ.

Eine tragische Entwicklung

Aus irgendeinem Grund fällt es Christen nur allzu leicht, die Gnade im Namen des Wachstums hinter sich zu lassen. Wenn die christliche Gemeinde in einer Krise steckt, kann die Bedeutung der Gnade wie ein Luxus erscheinen. Leider haben sich viele frühe Christen schon bald von der reinen Lehre des Lebens in Gnade entfernt. Es dauerte nicht lange, nachdem Paulus und die anderen Apostel diese Welt verlassen hatten, bis einige Christen die Warnungen des Geistes missachteten, die dafür sorgen sollten, dass sie in der Gnade blieben. Sie verstanden die Aufforderung nicht, „in der Gnade und Erkenntnis unseres Herrn und Retters Jesus Christus" (2. Petrus 3,18) zu wachsen und nicht von der Gnade *abzufallen* oder *über* die Gnade *hinauszuwachsen*.

In den Jahrzehnten nach dem Tod der Apostel tauchten nach und nach Schriften auf, die eine Abkehr von den neutestamentlichen Lehren zur Gnade beschrieben - Schriften, die dazu anregten, die gesetzlichen Prinzipien des Judaismus fortzuführen. All das war eine Strömung hin zu einem Pharisäertum, das Jesus in seiner Zeit auf der Erde sehr beunruhigt hatte. Einige führende christliche Lehrer versuchten, einen strengen Moralkodex zu predigen, um der Kirche einen makellosen Ruf zu verschaffen. Aber in ihrer Betonung auf persönliche Leistung vernachlässigten sie die Tatsache, dass für ein gottgefälliges Leben die Gnade Jesu in uns wirken muss.

Es dauerte nicht lange, bis einige Gruppierungen lehrten, ein Christ, der nach seiner Taufe erneut sündigte, könne Gottes Gnade nicht wiedererlangen. Andere glaubten, nur *eine* „große" Sünde sei erlaubt, danach könne man weder Vergebung erfahren noch geistlich wiederhergestellt werden.

Einige lehrten, dass Jesus die Anzahlung für unsere moralische Schuld an Gott geleistet und uns dadurch davor bewahrt habe, geistlichen Schiffbruch zu erleiden. Aber sie behaupteten auch, dass *wir unsere Schulden,* sobald wir frei seien, selbst begleichen müssten. Bei dem Versuch, Christen vor der Sünde zu bewahren, fingen viele Menschen an zu denken, der Weg zur christlichen Reife bedeute, sich den Weg zu Gott zu *verdienen*.

Diese Einstellung gibt es auch heute noch unter vielen Christen. Wenn die Gemeinde das Problem von Sünde im Leben des Christen anspricht, distanziert sie sich oft von der Gnade – nur um herauszufinden, dass Regeln und Gesetze keine Kraft haben, das Fleisch zu bändigen. Die Gemeinde rutscht dann oft in Gesetzlichkeit ab, die zwar den moralischen Eifer fördert, uns aber davon abbringt zu verstehen, dass die Erlösung ein kostenloses Geschenk Gottes ist, das aus Gnade geschenkt wird. Dadurch wird die Rettung so dargestellt, als müssten wir sie uns – zumindest teilweise – erarbeiten oder verdienen. Thomas Torrance hat diese Einstellung in seinem Buch *„The Doctrine of Grace in the Apostolic Fathers"* (Die Lehre der Gnade der apostolischen Kirchenväter)[38] zusammengefasst:

> „Das neue Leben in Christus wird nicht als Geschenk betrachtet, sondern als etwas, das in einer Bewährungszeit erstrebt werden muss, in der die Menschen sich streng an das Gesetz halten müssen... Für diese Christen ist die Erlösung zu einer ungewissen Angelegenheit geworden, die bis zum Ende durchzuhalten ist."[39]

Die Bibel sagt uns ganz klar, dass die Gnade ein *ständiges* und *unveränderliches Element* des christlichen Lebens ist und nicht nur der erste Schritt dorthin. James Moffatt betonte diese Wahrheit:

> „Ein wesentliches Element der Lehre der Apostel zur Gnade liegt darin, dass die Bereitschaft, Gottes Gabe anzunehmen, nicht nur eine Anfangsphase ist, sondern ein dauerhafter Zustand."[40]

Das Kind Gottes ist nicht nur anfangs durch Gnade gerettet, sondern wird auch durch Gnade „gerettet bleiben". Paulus beharrte zu Recht darauf: „Ich gehöre nicht zu denen, die die Gnade Gottes gering achten" (Galater 2,21). Ein Christ *steht* in der Gnade. Es ist unbiblisch und gnadenlos zu behaupten, das christliche Leben beginne in der Gnade, doch das „Bleiben in der Rettung" sei schließlich unsere Aufgabe. Diese unbiblische Lehre geht in ihrer Leugnung der Gnade tendenziell noch weiter. Jemand, der leugnet, dass ein Christ in der Gnade *steht*, wird auch bald leugnen, dass ein Christ wahrhaftig durch Gnade *gerettet ist*. Leider erging so es etlichen Gläubigen in den Generationen nach den Aposteln.

In der Gnade bleiben

Wie können wir in der Gnade Gottes bleiben? Wie vermeiden wir die starke Tendenz, der Gnade zu entwachsen, anstatt in der Gnade zu wachsen? Zuerst sollten wir verstehen, dass Gott uns eine Möglichkeit gegeben hat, in der Gnade zu *stehen*. In Römer 5,2 erfahren wir, dass wir durch den Glauben einen *Zugang* haben, um in der Gnade zu stehen. Dieses Wort *Zugang* beschreibt den Vorgang, durch den eine Person in die Gegenwart eines Königs geführt und ihm vorgestellt wird.[41] Durch den Glauben haben wir einen Zugang zur Gunst des Königs.

Ich frage mich manchmal, wie es wäre, in der Welt der Reichen und Berühmten zu verkehren oder Kontakt zu den Mächtigen dieser Welt zu haben. Ich erinnere mich noch daran, als ich jünger war und meine Freunde zu Rockkonzerten gingen. Ihr kostbarster Besitz war ein Backstage-Pass, der ihnen Zugang zu den Stars verschaffte. Sie durften dorthin, wo andere nicht hinkamen. Wenn dort ein Schild mit der Aufschrift „Unbefugten Zutritt verboten" hing, wussten sie, dass sie befugt waren. Aber eigentlich ist der Zugang zu den Politikern oder den Berühmtheiten unserer Zeit nichts im Vergleich zur Begegnung mit dem König des Himmels. Das ist wirklich ein Zugang mit einem ganz großen Privileg, und es ist ein Recht, das jeder Christ durch den Glauben hat.

Im griechischen Urtext können wir erkennen, wie deutlich Paulus dies in Römer 5,2 betont. Wörtlich sagt er dort: *„Wir haben ein dauerhaftes Anrecht auf diesen Zugang."*[42] Wir haben dauerhaften Zugang zu Gott, der uns niemals aberkannt werden wird. Er hat kein Verfallsdatum. Unser Recht, vor ihn zu treten, wird niemals aufgehoben werden. Wir, die wir auf Jesus Christus vertrauen, verfügen immer über Gottes Gunst und einen Zugang zu ihm. Über diesen Zugang sagte Charles Spurgeon:

> „Sobald ich eine lebendige Beziehung zu dem Lamm Gottes habe, befinde ich mich ‚in der Gnade'. Auch wenn ich länger lebe, gnädiger

werde, mein Glaube zunimmt, mein Eifer brennender und meine Liebe inniger wird, werde ich dennoch nicht stärker ‚in der Gnade' sein als zuvor. Gott wird mich nicht mehr lieben, er wird keine tiefere und reinere Zuneigung zu mir haben als im ersten Moment, in dem ich mich ihm zuwende, noch wird seine Gnade mich im ersten Moment, in dem ich mit all meinen Sünden zu ihm komme, weniger rechtfertigen oder mich weniger annehmen, als sie es tun wird, wenn ich vor dem Thron stehe."[43]

Die Autoren der Antike verwendeten oft diesen Ausdruck über die Gnade Gottes: „Gnade finden vor dem Herrn."[44] Im Neuen Testament wird diese Formulierung jedoch nie für einen Christen verwendet, der ja in der Gnade *steht*. Der Ausdruck wird vermieden, weil er zur Zeit der Apostel einen launischen, unberechenbaren Gott gemeint haben könnte - einen, der ständig zornig ist und besänftigt oder in die richtige Stimmung gebracht werden müsste. Diese Formulierung könnte auch bedeuten, dass man sich nie sicher sein kann, ob man Gott vertrauen kann.

Die Bibel vermittelt uns nie das Bild eines verdrießlichen, launischen Gottes. Die Stellung in der Gnade und Gunst, die uns in Jesus zuteilwird, ist ein sicherer Platz. Moffatt sagt über diesen Aspekt von Gottes Gnade:

> „Für ihn (Paulus) wurde die Gnade im Evangelium von einem Gott erwiesen, der weder launisch noch willkürlich handelt; die Gnade beschreibt seine charakteristische, unveränderliche Haltung gegenüber den Menschen, die Hilfe brauchen. Es ist die Gunst, die man annehmen und nicht so sehr suchen muss; die Gunst, die dem, der glaubt, großzügig angeboten wird."[45]

Wir müssen nicht in einen dunklen Himmel starren und darauf *hoffen*, dass wir dort die Gnade Gottes finden. Im Gegenteil: seine unverdiente Gunst hat uns gefunden und wir müssen sie einfach mit einem glaubenden Herzen annehmen."

Das Letzte, wogegen Satan kämpfen will, ist ein Christ, der Gottes Gnade wirklich versteht und weiß, wie er Zugang zu ihr hat. Deswegen lügt er dich an und versucht, dich davon abzuhalten, in der Gnade Gottes zu stehen. Vielleicht versucht er, dich davon zu überzeugen, dass Gott launisch, hitzköpfig und vermutlich gerade von dir genervt ist. Oder er versucht, dir klarzumachen, dass einfach zu viel Sünde in dir ist, um vor Gott treten zu können. Satan hat viel Erfahrung darin, „Ankläger unserer Brüder" zu sein (Offenbarung 12,10). Egal, ob es sich um Lügen über Gott handelt oder über dich - die Antwort auf diese Lügen liegt im Wissen um die Wahrheit.

Wenn der Ankläger dir also sagt: „Du bist ein Sünder! Du kannst nicht vor Gott treten!", kannst du entgegnen: „Ich weiß, dass ich ein Sünder bin, aber durch Jesus Christus wurde ich von meiner Schuld befreit" (wie es in Römer 3,23-24 steht). Wenn er dir sagt, dass deine Sünden zu groß und zu schrecklich sind, dann erzähl ihm, wie groß die Gerechtigkeit Jesu ist, denn *darin* stehst du! Wenn er dich an dein Versagen und deine Rückschritte im Glauben erinnert, dann sag ihm, dass du all das weißt, aber dass du einen Retter kennst, der gekommen ist, um Sünder zu retten. In Römer 5,2 steht geschrieben, dass dir der Zugang zur Gnade Gottes nicht verwehrt werden kann! Jesus hat den größten Preis bezahlt, damit du freien Zugang zum Gnadenthron hast. Wenn du dir jedoch einreden lässt, dass du kein Zugangsrecht hast, wird dir das Privileg, für das Jesus gestorben ist, niemals zugutekommen.

Zugang zu was?

Es macht Mut, zu wissen, dass uns der Zugang zu Gottes Gnade nicht verwehrt werden kann. Aber wozu ist es gut, in diesen Stand der Gnade zu kommen? Welche Vorteile haben wir davon, wenn wir in der Gunst Gottes stehen? Erstens, schau dir an, was Paulus über die *Gnade* schreibt, in der *wir stehen*. Der einzige Grund, warum wir vor Gott treten dürfen, ist seine Gnade, und nichts anderes. Nicht aufgrund unserer eigenen Werke, egal ob sie vergangen, gegenwärtig oder für die Zukunft versprochen sind; auch nicht aufgrund unseres eigenen Wertes, auch nicht als Kinder Gottes. Wenn es keine Gnade gäbe, würden wir überhaupt nicht vor Gott *stehen,* wir würden ihm zu Füßen liegen und um Gnade betteln. Das Wort „stehen" drückt Zuversicht, Sicherheit und Mut aus. Könntest du wirklich vor Gott *stehen,* wenn du durch *deine eigenen* Werke zu ihm kommen würdest? In diesem Moment würde dir jede Sünde, über die du jemals auch nur nachgedacht hast, bewusst werden und dich dazu zwingen, dich demütig vor Gott auf den Boden zu werfen. Glücklicherweise hat Gott einen anderen Weg geschaffen, damit wir in seine Gegenwart treten können. Wir kommen zum Thron des allergrößten Königs; das allein ist Grund genug, um uns vor Ehrfurcht erzittern zu lassen. Allerdings ist der Thron dieses großen Königs ein *Gnadenthron.*

Wir stehen nicht nur vor ihm, sondern wir stehen dort in der *Gnade.* Damit ist gemeint, dass Gottes Haltung uns gegenüber großzügig und voller Gunst ist. Wenn Gott uns sieht, dann ist er glücklich. Er sieht Schönheit in uns, weil wir in Jesus sind. In der Gnade zu stehen bedeutet, dass Gott uns *mag.*

Wir haben „Gott liebt dich" schon so oft gehört, dass diese Worte für viele von uns keine Wirkung mehr haben. Wir wissen, dass wir sie glauben sollten, aber noch schwerer fällt es uns vielleicht zu glauben, dass Gott uns *mag* - dass er sich über uns in Jesus freut. Wir leiden oft unter dem Gedanken, Gott könne uns kaum ertragen, weil wir so unwürdig sind oder dass wir ihn die meiste Zeit nerven. Wir kennen unsere eigenen Sünden und Fehler so gut, dass wir davon überzeugt sind, Gott sei immer ein wenig zornig auf uns oder enttäuscht. Wer *in der Gnade steht,* findet vor Gott Gefallen, Akzeptanz und Schönheit, statt Unwürdigkeit, Verdruss und Duldung.

Bevor du dir jetzt selbst auf die Schulter klopfst, solltest du dich daran erinnern, dass die Tatsache, dass du in der Gnade stehst, nichts damit zu tun hat, was du getan hast, wer du bist oder was du versprochen hast, in Zukunft zu sein. Du stehst nur durch die Gunst, die Gott dir großzügig in Jesus schenkt, in der Gnade. Obwohl wir vielleicht die Vorteile dieser begünstigten Stellung vor Gott genießen, können wir nicht behaupten, dass wir sie verdient hätten.

Wir können uns allerdings damit trösten, dass Gott dieses „in der Gnade stehen" als festen Bestandteil unserer Beziehung zu ihm festgelegt hat. Gott handelt an seinen Kindern auf der Grundlage von Gnade - und so wird es auch bleiben. Die Gnade ist keine Gnade, wenn Gott sie irgendwann wegnimmt, weil wir sie nicht verdient haben. Wir brauchen keine Angst davor zu haben, dass Gott eines Tages herausfindet, wie schlecht wir wirklich sind und dass er uns dann seine Gunst entzieht. Gott gibt uns den Segen seiner Gunst, weil er ist, wer er ist und nicht wegen uns oder wegen dem, was wir ihm versprochen haben. Deswegen müssen wir damit aufhören zu versuchen, Gott einen Grund für seine Liebe zu geben. So viele Christen versuchen ihr ganzes Leben lang aufrichtig, sich der Liebe Gottes *würdig* zu erweisen. Sie sind nicht in der Lage, diese große Liebe zu empfangen, weil sie *davon überzeugt sind, Gott erst einen Grund dafür geben zu müssen*, um sie zu lieben. Doch das Wunderbare ist ja, dass Gott uns zuerst geliebt hat (1. Johannes 4,19). In der Gnade zu stehen bedeutet, dass alle Gründe für seine Liebe zu uns in ihm selbst liegen und nicht in uns.

Zwei Grundsätze

Gott begegnet Christen nach dem Grundsatz der Gnade. In seinen Augen stehen wir alle auf der Grundlage unverdienter Gunst vor ihm. Wir können uns jedoch entscheiden, ob wir ihm auf derselben Grundlage begegnen wollen, auf der er uns behandelt. Während Gott alle seine Kinder nach dem Grundsatz der Gnade behandelt, können wir uns entscheiden, ob wir mit ihm durch das Gesetz oder durch die Gnade zu tun haben wollen. (Paulus macht diesen Unterschied in Galater 4,21-5,1 deutlich.) Es gibt einen großen Unterschied zwischen den beiden Konzepten, aber dieser Unterschied liegt auf unserer Seite, nicht auf der Seite Gottes.

Es ist Gnade, wenn wir im Glauben zu Gott kommen, auf das Werk Christi vertrauen und von ihm geliebt und gesegnet werden, weil er alles getan hat. Es ist das Gesetz, wenn wir durch Werke zu Gott kommen, auf unsere Verdienste vertrauen und nur das von ihm erwarten, was wir glauben verdient zu haben. Die meisten von uns sind mit der Methode des Gesetzes vertraut - sie lässt sich in einem Satz erklären: *Man kriegt, was man verdient hat.* Wenn du gut bist, wird Gott dich belohnen. Wenn du schlecht bist, bestraft er dich. Gott behandelte Israel auf der Grundlage des Gesetzes.

In seinem Bund mit Israel versprach er seinen Segen für ihren Gehorsam und seinen Fluch für ihren Ungehorsam. Leider kam es in der biblischen Geschichte Israels viel häufiger zum Fluch als zum Segen.

Die Grundsätze von Gesetz und Gnade lassen sich nicht miteinander vereinbaren. Da es sich um gegensätzliche Systeme handelt, können wir nicht mit beiden Prinzipien gleichzeitig zu Gott kommen, nicht einmal mit einer Mischung der beiden Prinzipien. Sie unterscheiden sich von Grund auf voneinander.

- Das **Gesetz** spricht als Angehörige der *alten* Schöpfung zu uns, als Menschen, die von der Sünde *beschmutzt* und in ihr *gefangen* sind. Die **Gnade** macht uns zu einem Teil der *neuen* Schöpfung, die vom Schmutz *gereinigt* und von den Ketten der Sünde *befreit ist*.

- Das **Gesetz** offenbart das Innere des *Menschen* (Sünde); die **Gnade** offenbart das Innere *Gottes* (Liebe).

- Das **Gesetz** *fordert* Gerechtigkeit von uns; die **Gnade** *bringt* Gerechtigkeit zu uns.

- Das **Gesetz** verurteilt einen Lebenden zum *Tod*; die **Gnade** erweckt einen Toten zum *Leben*.

- Das **Gesetz** sagt uns, was *wir* für Gott *tun müssen*; die **Gnade** sagt uns, was *Jesus* für uns *getan hat*.

- Das **Gesetz** lässt uns die Sünde *erkennen*; die **Gnade** *beseitigt* unsere Sünde.

- Das **Gesetz** bringt Gott *zu uns heraus*; die **Gnade** bringt *uns zu* Gott *hinein*.

Aufgrund dieser Gegensätze lassen sich die Prinzipien von Gesetz und Gnade nicht miteinander vereinen. Lewis Chafer zeigt uns den Unterschied beider Systeme:

„Das Gesetz des Mose ist ein Bund der Werke, der in der Kraft des Fleisches vollbracht werden muss; die Lehren der Gnade sind ein Bund des Glaubens, der in der Kraft des Geistes vollbracht werden muss."[46]

Diese beiden Prinzipien sind Gegensätze wie Fleisch und Geist, Leben und Tod, Gott und Sünde.

Wenn wir Gott nicht auf der Grundlage des Gesetzes begegnen sollen, ist das Gesetz dann böse oder schlecht? Gibt es denn nichts Gutes über das Gesetz zu sagen? In der Bibel steht, dass das Gesetz selbst gut, heilig und gerecht ist. Es hat eine wichtige Stellung im Plan Gottes, denn das Gesetz offenbart Gottes Charakter und seinen heiligen Maßstab. Es leistet einen wertvollen Beitrag, indem es uns deutlich (und schmerzhaft) auf unsere Unzulänglichkeiten und unsere Rebellion gegen Gottes Maßstab hinweist. Aber als Grundlage für unsere Beziehung zu Gott hat das Gesetz in seinem Plan keine Bedeutung mehr.

Die Gnade ablehnen

Wenn wir nun aus Gewohnheit oder aus freien Stücken davon abkommen, die Beziehung zu Gott ausschließlich aus Gnade zu leben, dann greifen wir automatisch auf das Gesetz als Grundlage für unsere Beziehung zu Gott zurück. Das Festhalten am Gesetz ist die Wurzel für ein gnadenloses christliches Leben. Wenn wir den neuen Bund aufgeben, um mit Gott auf der Grundlage des *Verdienens* in Beziehung zu treten, sind die Folgen katastrophal. Viele Probleme des christlichen Lebens lassen sich darauf zurückführen, dass wir es versäumt haben, auf der Grundlage der Gnade vor Gott zu *stehen*. Ob wir nach dem Gesetz oder nach der Gnade leben, können wir herausfinden, wenn wir uns ein kleines Portrait eines gnadenlosen christlichen Lebens ansehen.

Christen, die ein Leben ohne Gnade führen, werden von einer allgegenwärtigen Wolke der Schuld überschattet und sind sich niemals sicher, ob sie *genug* gute Werke getan haben, um Gott wirklich zu gefallen. Sie versuchen verzweifelt, gute Christen zu sein und Gott zu gefallen, aber weil sie glauben, dass Gottes Meinung über sie von ihrer Leistung abhängt, kommen sie innerlich nur selten zur Ruhe. Sie spüren den ständigen Druck des wachsamen Auges Gottes, der sie beim ersten Anzeichen von Ungehorsam bestrafen wird. Christen, die unter dem Gesetz leben, finden niemals bleibenden Frieden im Herrn.

Es wird erzählt, dass in den ersten Jahren der Luftfahrt Fliegen eine gefährliche Neuheit war. Ein Luftfahrtpionier bot einem alten Mann zum Geburtstag einen Flug über die kleine Stadt in West Virginia an, in der er seine ganzen 75 Lebensjahre verbracht hatte.

Der alte Mann nahm das Angebot an und nach einem zwanzigminütigen Rundflug über die Stadt hatte er wieder festen Boden unter den Füßen. Natürlich fragten seine Freunde: „Hattest du Angst?" „Äh - Nein", war seine zögerliche Antwort. Dann fügte er hinzu: „Aber ich habe mich auch extra leicht gemacht."

Viele Christen, die unter dem Gesetz statt in der Gnade leben, sind genauso zögerlich, wenn es darum geht, Gott zu vertrauen. Es fällt ihnen schwer, sich in seiner Gegenwart zu entspannen und sie finden es schwierig, sich hinzusetzen und sich an dem, was er ihnen geben möchte, zu erfreuen. Statt Gerechtigkeit, Frieden und Freude im Heiligen Geist zu erfahren, ist ihr von Schuld und Zweifel angefülltes Leben von der Angst geprägt, dass Gott herausfindet, wie schlecht sie wirklich sind und er sie so behandeln wird, wie sie es verdient haben.

Die größte Tragödie ist, dass diese Christen, die im Gesetz und ohne Gnade leben, den Herrn fast immer von ganzem Herzen lieben. Sie haben den aufrichtigen Willen, Gott zu gefallen; trotzdem leiden sie unter der quälenden Gewissheit, seinen Ansprüchen nicht zu genügen. Sie sehnen sich mehr als alles andere danach, von Gott geliebt und angenommen zu werden, aber sie denken, dass ihnen seine Gunst nur dann sicher ist, wenn ihre Leistung stimmt. Gnade bedeutet, dass die Liebe und Annahme durch Gott, nach der wir uns sehnen, ein Geschenk ist, das uns in Jesus geschenkt wurde. Es ist nichts, was wir uns durch unser Sein oder unser Tun verdienen können. Christsein ohne Gnade ist Satans raffinierteste und schädlichste Waffe gegen Christen, die Gott wirklich lieben.

Christen, die von der Gnade abirren und unter dem Gesetz leben, erleben oft einen unbeständigen Sieg über die Sünde, was daran liegt, dass sie häufig auf sich selbst schauen. Weil sie glauben, Gottes Meinung von ihnen hinge von ihren eigenen Taten ab, analysieren sie jeden Gedanken, jedes Wort und jede Tat, um abzuschätzen, wie Gott sie behandeln wird. Diese selbstbezogene Form der Reflexion beraubt sie der Fähigkeit, sich auszuruhen und sich auf die Stärke des Herrn zu verlassen. Wenn wir nicht in dieser Kraft bleiben, können wir nicht im Geist wandeln, um einen dauerhaften Sieg zu erlangen. Ein Christ, der so auf sich selbst achtet, hat normalerweise die besten Absichten und möchte Gott gefallen, aber weil ihm der Umgang mit der Gnade fremd ist, schaut er nicht auf Jesus, der uns daran erinnert, dass wir *getrennt von ihm nichts tun können* (Johannes 15,5).

Wenn ein Kind Gottes, das nach dem Gesetz lebt, doch einmal einen *Sieg* erfährt, kann das sogar noch gefährlicher sein, weil dieser Erfolg den Stolz nährt. Wir fangen an zu denken, dass *wir* das Monster der Sünde besiegt haben und nun vor Gott wohlgefällig sind. Wir sehen nicht, dass *Christus* in uns die Sünde besiegt hat und wir dadurch vor Gott wohlgefällig sind. Wenn das passiert, hat Satan seinen größten Fang gemacht: einen Heiligen, der es ehrlich meint, aber selbstgerecht handelt. Unter dem Gesetz blicken wir auf uns selbst und nicht auf Jesus; das macht einen Sieg schwer erreichbar, aber auch gefährlich, wenn er mal errungen wird.

Der Christ, der unter dem Gesetz lebt, könnte wenig Interesse daran haben, Zeit mit Gott oder anderen Christen zu verbringen. Es gibt zwei Gründe, warum die Ausrichtung auf das Gesetz den Wunsch nach christlicher Gemeinschaft dämpft. Unter dem Gesetz sagt ein Mensch eher: „Ich bin es nicht wert, ich gehöre nicht dazu." Wer sich so fühlt, hat kein Verlangen nach Gemeinschaft mit Christen, deren Verhältnis zu Gott scheinbar wunderbar ist. Er würde sich nur noch schlechter fühlen. Auf der anderen Seite könnten Christen mit einer gesetzlichen Einstellung denken, sie seien die einzig Würdigen unter ihren Mitchristen und die anderen gehörten nicht dazu. Die Betonung ihrer eigenen Leistung für Gott lässt sie eingebildet erscheinen. Niemand ist heilig genug oder gut genug für sie. Beide Sichtweisen offenbaren ein gnadenloses Christsein und beide wirken dem Geist der Gemeinschaft entgegen.

Meistens erkennt man einen Christen, der nach dem Gesetz und nicht in der Gnade lebt, daran, dass ihm menschliche Anerkennung sehr wichtig ist, weil er sich der Zustimmung und Anerkennung Gottes nicht sicher sein kann. Diese Unsicherheit, ob Gott ihn wirklich angenommen hat oder nicht, lähmt ihn. Wenn wir uns so fühlen, suchen wir möglicherweise verzweifelt nach Bestätigung. Aus dem Teufelskreis des Strebens nach menschlicher Anerkennung kann man nur sehr schwer ausbrechen. Gott möchte das Bedürfnis nach Annahme und Anerkennung in jedem von uns stillen, indem er uns in seiner Gnade begegnet.

Schließlich können Gläubige, die unter dem Gesetz leben, Angst davor haben, im christlichen Dienst zu versagen, und es kann ihnen an Freimut fehlen. Oft fürchten sie sich vor Fehlschlägen, weil sie glauben, dass es bei allem, was sie tun, um Gottes Anerkennung geht. Es könnte eine gute Sache sein, einer bedürftigen Person zu helfen, aber der Christ, dem es an Mut fehlt, befürchtet, dass Gott schlecht über ihn denken wird, wenn er einen Fehler macht. Der gesetzliche Christ hat vielleicht Angst, überhaupt etwas für Gott zu tun, weil er glaubt, dass er seinen Unmut riskiert, wenn er ihm nicht richtig dient.

Glücklicherweise behandelt Gott Christen nicht auf der Grundlage des Gesetzes, sondern auf der Grundlage der Gnade. Tatsache ist, dass wir vor Gott in der Gnade *stehen*. Er sieht Dinge wie Anmut und Schönheit in uns. Und weil wir in der Gnade stehen, können wir erwarten, dass Gott uns segnet und nicht verflucht. Unter dem Gesetz kommt der Segen vom Erarbeiten und Verdienen. Unter der Gnade kommt der Segen durch Glauben und Empfangen. In seiner Gnade gewährt Gott uns unverdienten, bedingungslosen Segen. Als Antwort auf diesen Segen tun wir gute Werke und wollen Jesus treu dienen und ihm gehorchen. Selbst durch Gehorsam und Hingabe können wir Gott nicht für die Segnungen, die er uns schenkt, entschädigen, denn das Geschenk der Gnade verlangt oder erwartet niemals eine Wiedergutmachung.

Wird Gott nicht wütend auf uns?

Die meisten von uns wissen, wie es sich anfühlt, von Gott zurechtgewiesen zu werden, und wir fragen uns, ob seine Züchtigung nicht doch ein Beleg dafür ist, dass er tatsächlich manchmal zornig auf uns ist, oder dass er nicht immer gnädig mit uns umgeht. Die Zurechtweisung Gottes äußert sich auf unterschiedliche Weise - oft in Form von Schwierigkeiten, die Gott in unser Leben bringt, um uns zu korrigieren. Manche Menschen denken, diese Art des „geistlichen Klapses" durch unseren himmlischen Vaters beweise, dass er manchmal wütend auf uns sei und uns Böses zufüge, wenn wir es verdient hätten. Aber in Hebräer 12,5-7 steht, dass wir die zurechtweisende Hand Gottes als ein besonderes Zeichen seiner Gunst und Güte ansehen sollen:

> „Und habt ihr die ermutigenden Worte völlig vergessen, die Gott zu euch sprach? »Mein Sohn, lehne dich nicht dagegen auf, wenn der Herr dich zurechtweist und lass dich dadurch nicht entmutigen! Denn der Herr weist die zurecht, die er liebt, und er straft jeden, den er als seinen Sohn annimmt.« Wenn ihr Schweres ertragen müsst, dann erkennt darin die Zurechtweisung Gottes; denkt daran, dass Gott euch als seine Kinder behandelt. Wer hätte je von einem Sohn gehört, der nie bestraft wurde?"

Unser himmlischer Vater ist der perfekte Vater. Als irdische Eltern wissen wir, wie schnell es passieren kann, dass man seine Kinder auf die falsche Art und Weise maßregelt, nämlich aus Wut. Das passiert, wenn ein Kind die Eltern verärgert. Aber Gott korrigiert uns nie aus Verärgerung. Als perfekter Vater züchtigt er uns aus Liebe. Wir halten Gottes Züchtigung vielleicht für ein Zeichen von Wut oder Verärgerung, aber das liegt nur daran, dass wir ihn nicht als den perfekten Vater sehen, der uns aufgrund seiner vollkommenen Liebe korrigiert.

Wie jedes Elternteil weiß, ist es für ein Kind sehr wichtig, liebevoll zurechtgewiesen zu werden. In Sprüche 13,24 steht: „Wer seinen Sohn nicht straft, der liebt ihn nicht; wer seinen Sohn liebt, weist ihn schon früh zurecht." Wenn Gott uns zurechtweist, dann gibt er uns sein Bestes - auch wenn das nicht der einfache Weg ist, den wir uns oft wünschen. Das ist mit Sicherheit ein Kennzeichen seiner Gnade, obwohl es im ersten Moment weh tut und schwer zu ertragen ist. Gott, der liebende und vollkommene Vater, weist seine Kinder immer aus Liebe und Güte zurecht, niemals aus Zorn oder dem Wunsch, seinem Kind Schmerzen zuzufügen.

Eine Entscheidung treffen

Als Nachfolger von Jesus haben wir die Wahl. Wir stehen heute vor Gott in der Gnade: Er liebt uns und nimmt uns an, unabhängig davon, ob wir es verdient haben. Der Vater schaut auf die Verdienste von Jesus, nicht auf die Verdienste des Christen. Wir haben die Wahl, ob wir unsere Beziehung zu Gott auf der Grundlage des Gesetzes oder auf der Grundlage der Gnade ausleben. Werden wir in Übereinstimmung mit Gott erkennen, dass wir in der Gnade stehen und verstehen, dass wir unser ganzes Leben lang in der Gnade bleiben müssen? Oder werden wir mit dem Teufel und dem Fleisch übereinstimmen und uns dafür entscheiden, dass wir vor Gott nach dem Grundsatz des Gesetzes stehen? Diese Entscheidung beeinflusst jeden Aspekt unseres christlichen Lebens. Wie können wir die richtige Entscheidung treffen? Einige abschließende Bemerkungen können uns dabei helfen:

Zuallererst muss ich mich dafür entscheiden, Gottes Gunst anzunehmen, weil er sie zugesagt hat. Denk daran, dass wir durch den Glauben Zugang zur Gnade erhalten haben (Römer 5,2). Gott bietet mir eine Beziehung zu ihm an, die auf Gnade basiert, und ich muss sie im Glauben annehmen und darauf bauen, dass sein Angebot vertrauenswürdig ist. Ich werde aufhören zu versuchen, mir Gottes Gunst zu verdienen und nicht so lange warten, bis ich mich seiner Gnade würdig fühle.

Zweitens muss ich verstehen, dass es keine Probezeit vor Gott gibt, denn ich *stehe* in der Gnade. Meine Rettung oder Annahme vor Gott beruht auf dem, was Jesus getan hat. Ich muss mir also keine Sorgen machen, dass Gott auf mein Versagen wartet, um mich aus seiner Gegenwart zu vertreiben. Die Gnade gibt dem Kind Gottes einen sicheren, ewigen Stand, den Gott für immer aufrechterhalten wird. Ich bin in Christus angenommen, also bin ich *auch jetzt schon* voll und ganz angenommen. Müsste ich mir die Annahme Gottes verdienen, könnte ich sie erst dann bekommen, wenn meine Leistung Gottes Standard erreicht hat. Aber in der Gnade gibt es keine Testphase, in der Gott entscheidet, ob er mich wirklich will oder nicht.

Drittens beschließe ich, Gottes züchtigende Hand als ein Zeichen seiner Güte und Gunst und nicht als ein Zeichen von Zorn oder Ablehnung anzusehen. Er züchtigt nur, wen er liebt.

Schließlich erwarte ich, dass ich von Gott gesegnet werde, weil Jesus sich für mich eingesetzt hat. Weil ich in der Gnade stehe, erfahre ich die Gunst und Annahme meines himmlischen Vaters und erwarte, dass er mich nach dem Reichtum seiner Gnade segnen wird.

Kapitel Fünf

Reich beschenkt durch den geliebten Sohn

Deshalb loben wir Gott für die herrliche Gnade, mit der er uns durch den geliebten Sohn so reich beschenkt hat.
(Epheser 1,6)

Der bekannte amerikanische Dramatiker Tennessee Williams entschied sich eines Tages, die Dienste eines Psychoanalytikers in Anspruch zu nehmen. Nach einigen Sitzungen brach er die Behandlung ab. Nach dem Grund für diese Entscheidung gefragt, erwiderte er: „Er hat sich zu sehr in mein Privatleben eingemischt."[47]

Offenbar steckte hinter Williams' humorvoller Antwort die Überzeugung, dass die Zeit, die er auf der Couch des Therapeuten verbrachte, nicht besonders hilfreich war. Vielleicht teilte er die Meinung eines anderen Mannes aus der Unterhaltungsbranche, nämlich die von Samuel Goldwyn, der einmal sagte: „Jeder, der zu einem Psychiater geht, sollte sich den Kopf untersuchen lassen!"[48]

Trotz solcher Meinungen suchen heutzutage viele Menschen bei einem Psychologen nach der Lösung ihrer Probleme. Als Ganzes gesehen, ist die moderne Psychologie ein Sammelsurium unterschiedlicher Vorstellungen, die von seriös bis absurd reichen. Zwischen den oft selbsternannten Experten gibt es wenig Übereinstimmung und es gibt schätzungsweise genauso viele Theorien darüber, wie wir „ticken", wie es Psychologen mit starken Meinungen gibt, die mündlich oder schriftlich an die

Öffentlichkeit gebracht werden. Für den Beobachter sieht es nicht so aus, als ob Psychologen in irgendeiner Hinsicht einer Meinung sind, aber in einem Punkt sind sich fast alle erstaunlich einig: Wir alle haben das Grundbedürfnis, von anderen angenommen zu werden.

Das Bedürfnis nach Angenommensein zeigt sich sehr anschaulich in unserer Vorliebe für Geschichten, in denen die Protagonisten erst abgelehnt, dann aber von ihresgleichen akzeptiert werden. Der Zirkuselefant Dumbo zum Beispiel wurde von allen anderen Zirkustieren wegen seiner hässlichen Ohren verachtet und ausgeschlossen. Niemand akzeptierte ihn so, wie er war, und er schien zu einem Leben voller Tränen und Ablehnung verdammt zu sein. Am Ende der Geschichte wurde Dumbo jedoch von allen anderen Tieren akzeptiert und sogar gefeiert, weil er entdeckt hatte, dass er fliegen konnte. Dieselben Schlappohren, die ihn zum Gespött der anderen gemacht hatten, führten dazu, dass er von den anderen bewundert und akzeptiert wurde.

Viele von uns sehnen sich auch nach Anerkennung und Bestätigung. Wir denken: „Wenn ich nur etwas Besonderes schaffen könnte, dann würden die anderen sehen, dass ich wertvoll bin." Oft scheint es, als ob wir nur eine Leistung davon entfernt sind, wirklich zu wissen, dass andere uns wertschätzen. Mit dem richtigen Erfolg könnten wir uns ihre Bewunderung und ihren Respekt verdienen und hätten die wunderbare Gewissheit, akzeptiert zu werden. Leider fehlt den meisten von uns die Fähigkeit, etwas Spektakuläres zu tun und wir stecken in unserem Streben nach Anerkennung und Wertschätzung fest.

Was können wir tun, um akzeptiert zu werden?

Die Gesellschaft macht uns die Suche nach Akzeptanz nicht leichter, denn sie bestimmt unseren Wert auf grausame Art und Weise. Dieser starre Kodex dessen, was einen Menschen wertvoll macht, wird an praktisch jeder Front gepredigt. Fernsehen, Zeitschriften, Zeitungen, gesellschaftliche Gruppen und Werbetreibende schließen sich scheinbar zu einer gemeinsamen Verschwörung zusammen und diktieren uns, was wir tun müssen, um etwas wert zu sein.

Die wichtigste Voraussetzung, um als wertvoller Mensch akzeptiert zu werden, ist körperliche Attraktivität. Kinder, die zufällig gut aussehen, genießen in der Schule und in der Nachbarschaft einen besonderen Status im Vergleich zu ihren weniger attraktiven Freunden. Fast jeder weiß, wie es ist, ausgelacht zu werden, weil man anders aussieht, aber für manche Menschen ist diese schmerzliche Erfahrung Alltag.

Zu den anderen Standards, um in unserer Gesellschaft ein „Jemand" zu sein, gehören Intelligenz und Reichtum. Wenn du klug bist oder wenn die Leute dich für klug halten, wirst du bewundert, auch wenn du beim Attraktivitätstest durchfällst. Wenn du wohlhabend bist, akzeptieren dich die Leute. Sie halten dich für einen wertvollen Menschen, weil du Geld hast. Aber wenn man nicht schön, klug oder wohlhabend ist, hat man drei Punkte gegen sich. Das ist ein kaltes, brutales System, aber es ist tief in unserer Gesellschaft verwurzelt, und wir müssen diese Normen bewusst ablehnen, um anders zu denken. Die Einstellung der Welt in Bezug auf soziale Akzeptanz ist das Überleben des Stärkeren; die Schönen, Klugen und Reichen werden sich durchsetzen und der Rest hat Glück. Wenn du manchmal das Gefühl hast, nicht den Wertvorstellungen dieser Welt zu entsprechen, dann lass dich trösten: Den meisten geht es wie dir.

Glücklicherweise müssen wir als Christen nicht die Wertvorstellungen der Welt übernehmen. Wir können dem Wort Gottes folgen, das uns einen weit besseren Weg bietet, den Wert einer Person zu bestimmen und in jedem von uns das große Bedürfnis nach Anerkennung zu stillen. Wenn wir Gottes Denkweise übernehmen, müssen wir das Denken, das diese Gesellschaft kennzeichnet, zuerst bewusst ablegen und unsere Werte gezielt nach Gottes Werten ausrichten. Wir müssen aktiv die Entscheidung treffen, unsere Werte nach dem auszurichten, was Gott sagt, und nicht nach dem, was die Mehrheit sagt.

In seinem Brief an die Epheser vermittelt Paulus vieles zum Thema Angenommensein. In Epheser 1,6 schreibt er: „Deshalb loben wir Gott für die herrliche Gnade, mit der er uns durch den geliebten Sohn so reich beschenkt hat." Paulus zeigt dort zwei wichtige Grundsätze: Erstens hat Gott den Gläubigen aus Gnade in Jesus Christus angenommen. Zweitens ist es an uns, diese herrliche Gnade zu erkennen und Gott dafür zu loben.

Das Gefühl, unzumutbar zu sein

Jeder geht anders mit seinem Bedürfnis nach Akzeptanz um. Manche leugnen dieses Bedürfnis, indem sie Härte zeigen, aber ein Bedürfnis kann nicht gestillt werden, indem man es leugnet. Wenn wir so tun, als hätten wir keinen Durst, wird unser Durst nicht gestillt! Verleugnen führt in der Regel zu einer unsicheren Person mit einer harten Fassade. Jeder hält diesen Menschen für gut angepasst, aber im Innern haben diese „Verstellungskünstler" manchmal das Gefühl zusammenzubrechen.

Ob wir uns den Wunsch nach Annahme nun eingestehen oder nicht - die meisten von uns verwandeln diesen Bedürfnis in das Gefühl, inakzeptabel oder wertlos zu sein. Wir gehen davon aus, dass wir nicht akzeptiert werden, weil wir unannehmbare Menschen sind. Jeder erlebt diese Minderwertigkeitsgefühle von Zeit zu Zeit, aber für viele sind diese Gefühle der Unzulänglichkeit, des mangelnden Selbstvertrauens und der Gewissheit, wertlos zu sein, ihr Alltag. Oft quält sie der Gedanke: „Meine Freunde würden mich nicht mögen, wenn sie wirklich wüssten, was tief in mir los ist."

Diese Verzweiflung wird in einem alten Kinderreim in Worte gefasst:
> Keiner liebt mich, alle hassen mich
> Ich geh und esse Würmer
> Kleine, winzige, große, fette, schleimige
> Oh, wie sie zappeln und sich winden [49]

Wir sind davon überzeugt, dass das Problem bei uns liegt und denken, dass unser Bedürfnis nach Anerkennung gestillt würde, wenn wir so wären, wie wir sein sollten. Das erzeugt Schuldgefühle wegen eines Bedürfnisses, das Gott aus einem bestimmten Grund in uns angelegt hat. Wir geben uns selbst die Schuld für etwas, das eigentlich einen herrlichen, göttlichen Zweck hat - so als wenn wir uns dafür hassen, hungrig oder durstig zu sein. Anstatt uns selbst die Schuld für ein Verlangen zu geben, das Gott in uns hineingelegt hat, sollten wir uns lieber daran machen, dieses Bedürfnis so zu erfüllen, wie er es vorgesehen hat. Leider ignorieren die meisten Menschen Gottes Methode, diesen Hunger zu stillen und versuchen, ihn auf andere Weise zu lindern.

Nach Anerkennung suchen

Der griechische Philosoph Diogenes stellte sich einmal neben eine Statue und bettelte sie um Geld an. Jemand bemerkte ihn und fragte, warum er so etwas Sinnloses tue und er antwortete: „Ich übe die Kunst, abgelehnt zu werden."[50]

Das mag für einen alten griechischen Philosophen in Ordnung gewesen sein, aber unsere heutige Gesellschaft hat sich der Kunst verschrieben, akzeptiert zu werden.

Wenn wir versuchen, unser Bedürfnis nach Akzeptanz zu befriedigen, tun wir dies in der Regel nach der Methode der Welt. Wir versuchen, so attraktiv wie möglich, so witzig und klug wie möglich und so wohlhabend wie möglich zu sein.

Eine Frau hungert sich durch ihre Diät, bemüht sich um ihr Haar und ihr Make-up und gibt dann ein Vermögen für Kleidung und Schmuck aus. Ein Mann investiert seine Zeit und sein Geld in den richtigen Körperbau im Fitnessstudio. Menschen stöbern in Büchern und Zeitschriften, um das Richtige über aktuelle Ereignisse sagen zu können oder eine originelle Bemerkung parat zu haben. Dinge werden alleine aus dem Grund gekauft, um andere zu beeindrucken. Wir tun das, weil wir uns danach sehnen, von anderen akzeptiert zu werden, und wir sind davon überzeugt, dass Schönheit, Intelligenz und Reichtum uns den Weg dazu ebnen werden. Wir versuchen verzweifelt, dieses gottgegebene Bedürfnis nach Akzeptanz zu befriedigen, aber wir tun es auf die falsche Weise.

Das Streben nach Schönheit oder Wohlstand ist in sich nicht falsch oder schädlich; als Antwort auf unser Bedürfnis nach Annahme ist es allerdings vollkommen wirkungslos. Schnell finden wir heraus, dass Attraktivität nicht reicht. Sobald wir uns schöngemacht haben, müssen wir schön *bleiben* und den Krieg gegen den unaufhaltsamen Prozess des Alterns aufnehmen. Selbst wenn wir meinen, wir seien attraktiv genug, müssen wir es aushalten, dass man uns nur akzeptiert, weil wir attraktiv sind. Das Gleiche gilt für den Versuch, mit irgendeiner anderen Methoden der Welt Anerkennung zu finden. Leider sind wir nicht ewig schön. Es gibt immer jemanden, der schlauer ist oder der mehr von den richtigen Dingen hat, die andere beeindrucken. Hoffentlich entdecken wir möglichst schnell die Vergeblichkeit des Versuchs, Wert und Akzeptanz nach den Maßstäben der Gesellschaft zu finden und hören auf, das Spiel der Welt nach den Regeln der Welt zu spielen.

Das Bedürfnis nach Akzeptanz ist ein universeller und unnachgiebiger Drang der Menschen. Deshalb ist es naheliegend, dass Gott dieses Bedürfnis in jeden von uns hineingelegt hat. Wir wissen, dass Gott jedem Menschen Bedürfnisse gegeben hat, die sich auf den physischen Körper beziehen (wie Schlaf und Hunger), aber manchmal ist uns nicht bewusst, dass er auch emotionale Bedürfnisse in uns gelegt hat. Wenn Gott uns dieses Bedürfnis gegeben hat, dann hat er auch einen göttlichen Weg, dieses Bedürfnis zu stillen. Unser physischer Körper hungert und dürstet und Gott hat festgelegt, dass diese Bedürfnisse mit Essen und Trinken gestillt werden. Aber was ist mit dem Bedürfnis, von anderen akzeptiert zu werden? Wie hat Gott vorgesehen, dieses Bedürfnis zu erfüllen?

Gott will unser Bedürfnis nach Annahme dadurch stillen, dass er eine Beziehung mit uns eingeht. Dadurch empfangen wir seine Gnade, die dieses Bedürfnis stillt. Wir wurden geschaffen, um auch andere Menschen zu brauchen, aber das Fundament der Akzeptanz muss allein in Gott verankert sein.

Mit großer Gnade beschenkt

In gewisser Weise kann man die Gnade als Gottes Einstellung zu uns beschreiben. Sie zeigt, was Gott über uns Christen denkt, wie er uns wahrnimmt, wenn man berücksichtigt, was Jesus getan hat. Unsere Stellung auf Grundlage der Gnade kann folgendermaßen beschrieben werden: In Jesus werden wir voller Freude angenommen und niemals nur widerwillig akzeptiert.

In der ursprünglichen Sprache des Neuen Testaments heißt das Wort, das Paulus in Epheser 1,6 für *begnadigt* verwendete, *charito*. Dieses Wort wird im Neuen Testament nur zweimal gebraucht - so auch in Lukas 1,28. Dort spricht der Engel Gabriel mit Maria und eröffnet ihr, dass sie als Mutter des Messias auserwählt wurde. Dies war ein einzigartiger und besonderer Segen; etwas, das sie zum privilegiertesten Menschen aller Zeiten machte. Als Gabriel Maria erschien, waren seine ersten Worte: „Sei gegrüßt! Du bist beschenkt mit großer Gnade! Der Herr ist mit dir." Dieser Ausdruck „beschenkt mit großer Gnade " ist die Übersetzung des griechischen Wortes *charito*. Gabriel sagte Maria, dass sie in den Augen Gottes Gunst gefunden habe oder „voller Gnade" sei.

Der Apostel Paulus gebrauchte dasselbe Wort *charito*, als er beschrieb, wie Gott den Gläubigen sieht, der in Jesus ist. Mit anderen Worten sind auch wir für Gott genauso besonders und gesegnet wie Maria - „beschenkt mit großer Gnade". Er nimmt uns genauso an wie Maria. Es ist schwierig, sich irgendeinen Menschen vorzustellen, der für Gott genauso besonders und gesegnet war, wie die Mutter Jesu. Paulus sagt uns, dass der Gläubige in Jesus auf die gleiche Art und Weise angesehen wird. Das sollte unsere Wahrnehmung von Maria nicht schwächen, sondern unser Verständnis von dem, wer wir in Jesus sind, *stärken*.

Die Tatsache, dass wir begnadigt sind, verrät uns noch etwas über Gottes Einstellung zu uns: Es zeigt, dass er uns nicht widerwillig oder zögernd annimmt, sondern mit Begeisterung und Freude. Wir alle wissen, wie es ist, nur widerwillig angenommen zu werden. Wenn du im Schulsport jemals als Letzter in eine Mannschaft gewählt wurdest, kennst du das Gefühl. Die anderen haben dich vielleicht mitspielen lassen, aber dir war schmerzlich bewusst, dass sie dich nicht wirklich in ihrer Gruppe haben wollten. Du wurdest nur deshalb aufgenommen, weil sie wussten, dass jeder in einer Mannschaft sein muss.

So wählt Gott nicht aus. Er denkt nicht: *„Also, eigentlich will ich den Soundso gar nicht annehmen, aber ich habe wohl keine andere Wahl, schließlich ist er ja in Jesus Christus."* Der Vater nimmt uns nicht mit Vorbehalten oder trotz anhaltender Zweifel an. Wir sollten unsere Stellung als Begnadigte von dem Moment an wahrnehmen, in dem wir Jesus unsere Rettung und unser Leben anvertraut haben.

Tatsächlich fand Maria diese Gunst vor Gott und wurde damit gesegnet, Jesus zu gebären. Dieses Privileg bewies, dass sie wirklich von Gott angenommen war. Er würde keinem das Recht geben, seinen Sohn zu gebären, der in seinen Augen dessen nicht würdig ist. Das Christuskind in ihr war der eindeutige Beweis dafür, dass sie von Gott angenommen war.

So ist auch der Gläubige jemand, der Christus in sich trägt. Natürlich nicht in derselben Weise wie Maria es tat, aber dennoch auf eine wunderbare Weise. Paulus sprach in Kolosser 1,27 über dieses große Geheimnis: „Christus lebt in euch! Darin liegt eure Hoffnung: Ihr werdet an seiner Herrlichkeit teilhaben." Christus wohnt im Gläubigen, daher ist der Gläubige in gewisser Hinsicht jemand, der Christus in sich trägt. Da wir mit Christus erfüllt sind, sind wir auch voll der Gnade, so wie Maria es war. Dieses Privileg beweist, dass Gott uns voll und ganz angenommen hat.

Was genau macht uns annehmbar?

Warum nimmt Gott die an, die im Glauben zu ihm kommen und auf Jesus und sein Werk am Kreuz vertrauen? Warum gerade wir? Laut Paulus gibt es nur eine Antwort. In Epheser 1,6 steht: „Deshalb loben wir Gott für die herrliche Gnade, mit der er uns durch den geliebten Sohn so reich beschenkt hat." Wenn Gott uns in seiner Gnade annimmt, hat das nichts mit Verdienen zu tun. Er nimmt uns an, weil Gott so ist wie er ist und nicht, weil wir Menschen so sind wie wir sind.

Die Gnade ist die einzige Grundlage, auf der wir von Gott angenommen werden. Keiner von uns kann gut genug sein oder genügend gute Taten vollbringen, die ausreichen, um von Gott angenommen zu werden. Unsere Errungenschaften haben im Gegensatz zu dem, was Jesus vollbracht hat, vor Gott keine bleibende Wirkung. Jesus hat seinem Vater nur Freude bereitet. Er sagte: „Der Vater lässt mich nicht allein, denn ich tue allezeit, was ihm wohlgefällt" (Johannes 8,29). Kein anderer hätte das von sich behaupten können! Niemand sonst hat den Vater jemals so vollkommen zufriedengestellt wie Jesus. Deshalb wird allen, die nicht immer das getan haben, was dem Vater gefällt, ein unglaubliches Privileg zuteil: Sie können vor Gott kommen und sich auf das Werk dessen berufen, der dem Vater immer *wohlgefällig* war.

In der heutigen Zeit wird viel darüber gesprochen, Jesus Christus anzunehmen, und das sollte man auch tun. Es ist gut, herauszufinden, ob andere ihn angenommen haben, aber die wichtigere Frage ist die folgende: Hat Gott dich angenommen? Die einzige Möglichkeit, von Gott angenommen zu werden, ist, auf die Verdienste seines Sohnes zu schauen und darauf zu vertrauen, dass das Werk Christi auf Golgatha den Weg zu Gott vollständig geebnet hat.

Gleichzeitig wissen wir auch, dass wir als Christen im Namen Jesu vor Gott kommen, nicht in unserem eigenen. Wenn ich zum Beispiel zur Chase Manhattan Bank in New York gehe und versuche, 100 Dollar abzuheben, wird der Kassierer sagen: „Es tut mir leid, wir können Ihnen kein Geld auszahlen. Sie haben hier kein Konto." Mein Name sagt den Mitarbeitern der Chase Manhattan Bank nichts.

Aber was wäre, wenn ich mit einem Scheck über 1.000 Dollar, der vom reichsten Kunden der Bank ausgestellt wurde, zur Bank zurückginge? Dem Bankangestellten wäre es egal, ob ich ein Konto in dieser oder in einer anderen Bank hätte; das Geld würde mir ausgezahlt, da der Aussteller des Schecks bekannt ist.

So ist es auch, wenn wir im Namen Jesu zu Gott kommen. In unserem eigenen Namen haben wir im Himmel kein Guthaben, aber wenn wir im Namen von Jesus und aufgrund seines Werkes zu Gott kommen, stellen wir fest, dass der Vater immer bereit ist, uns zu empfangen und uns zu geben, was wir brauchen.

Wenn wir zum Thron Gottes kommen, dann im Vertrauen auf das, was Jesus getan hat. Was auch immer wir für Verdienste vorweisen können - sie werden nicht ausreichen, um von Gott angenommen zu werden. Doch Jesus wurde vom Vater uneingeschränkt angenommen und durch Gottes großzügiges Geschenk können wir im Glauben daran teilhaben. Deswegen sagt

Paulus in Epheser 1,6, dass wir durch den geliebten Sohn reich mit Gnade beschenkt wurden. Der geliebte Sohn ist Jesus und wir werden von Gott angenommen, weil das zählt, was Jesus getan hat. Gottes Gunst wird auf der Grundlage von Gnade gewährt, weil du jetzt in Jesus bist und nicht aufgrund von Werken oder guten Taten, die du eines Tages vollbringen könntest.

Die Sucht nach Anerkennung durchbrechen

Die Gewissheit, dass Gott uns annimmt, weil wir in Jesus sind, ist äußerst gesund. Er sieht uns als Begnadete. Diese Erkenntnis hat den großen Vorteil, dass sie die Ursache für unser Bedürfnis nach Anerkennung erfüllt. Gott hat uns mit einem Hunger nach Anerkennung geschaffen und er wollte, dass dieser Hunger auf diese Weise gestillt wird. Die Gewissheit, dass der souveräne Gott des Universums uns annimmt, ist so groß, dass sie unser Bewusstsein beherrscht. Und dieses Wissen sollte unser Leben mit einer Sicherheit und einem Frieden erfüllen, der nicht zu übertreffen ist.

Ist dieses Grundbedürfnis befriedigt, können wir aus der Tretmühle der Sucht nach Anerkennung durch andere ausbrechen. Diese Sucht nach Anerkennung ist giftig. Sie macht uns zu Sklaven der Meinung der Masse, selbst bei den kleinen Dingen des Lebens. Wir versuchen, die Anerkennung der Welt zu gewinnen, indem wir nach ihren Regeln spielen und am Ende sind wir entweder frustriert und einsam oder eingebildet und beliebt. Natürlich ist es ganz angenehm, von anderen angenommen zu sein, aber wenn wir in Gottes Gnade ruhen, können wir wissen: Falls andere uns ablehnen, liegt es nicht daran, dass wir „unerträgliche" Menschen sind. Wenn Gott uns annimmt, sind wir annehmbar, egal, was andere sagen!

Wir müssen akzeptieren, dass andere die Schönheit, die Gott in uns sieht, nicht immer wahrnehmen werden. Aber wir sollten nicht anfangen, es denen recht machen zu wollen, die unsere Schönheit in Jesus nicht sehen und damit Gott nicht zustimmen.

Im Jahre 1796 benutzten Soldaten, die dem Christentum und der Kirche gegenüber feindlich gesonnen waren, die Kapelle eines

Klosters in Mailand als Lagerraum, Schlafplatz und später als Gefängnis. Sie hielten nicht viel von den Wandmalereien, deshalb haben sie sie mit Steinen beworfen und die Augen der gemalten Figuren ausgekratzt. Das Bild, das sie zerstören wollten, war kein gewöhnliches Kunstwerk. Es war Leonardo Da Vincis Meisterwerk „Das Abendmahl".[51]

Wie konnte jemand so unempfänglich für ein Werk von solcher Schönheit sein, gemalt von einem großen Meister? Auch wenn diese Soldaten Leonardos Genialität nicht zu schätzen wussten, wissen wir, dass er ein meisterhafter Künstler war. Gleichermaßen gilt: Auch wenn andere die Schönheit und Gunst, die uns in Jesus zuteilwird, nicht zu schätzen wissen, haben wir sie trotzdem.

Wie sieht es mit der Selbstannahme aus?

Unser Bedürfnis nach Anerkennung führt dazu, dass wir nicht nur von anderen, sondern auch von uns selbst angenommen werden wollen. Es ist für viele von uns schwerer, mit sich selbst zufrieden zu sein, als von anderen akzeptiert zu werden.

Durch die Gnade können wir mit unserem Bedürfnis zurechtkommen, von anderen akzeptiert zu werden. Sie hilft uns auch dabei, uns selbst anzunehmen. Wenn wir wirklich an Gottes Konzept der Gnade glauben, können wir das dunkle Gespenst in uns bezwingen, welches sich nicht mit dem, wer wir in Jesus sind, zufriedengeben will. Gleichzeitig vergessen wir nicht, dass wir in Jesus, dem geliebten Sohn, angenommen sind. Die Gründe für unsere Annahme finden sich allein in Jesus.

Häufig können wir uns nicht selbst annehmen, weil wir den inneren Drang haben, etwas dafür zu leisten, von Gott angenommen zu werden. Doch solange wir glauben, dass wir Gott dafür einen Grund geben müssen, werden wir diese Liebe und Annahme nicht finden. Gott möchte, dass wir aufhören, ihm Gründe für seine Liebe zu liefern und wir endlich erkennen, dass alle Gründe in seinem Sohn zu finden sind. Wir sind durch *den geliebten* Sohn angenommen, ganz ohne unser Zutun. Wenn wir das verstanden haben, können wir mit dem Versuch aufhören, uns selbst zu vergeben und in der Tatsache zur Ruhe kommen, dass

Gott uns Vergebung und Versöhnung geschenkt hat. Das Werk Jesu auf Golgatha war für Gott vollkommen wohlgefällig und es erfüllte seinen Zweck. Sein Opfer sorgte für alles, was wir für unsere Versöhnung und Annahme brauchen. Wir können nichts mehr hinzufügen, um sein Werk noch zu verbessern. Wir brauchen nicht mehr darauf zu warten, dass sich ein Gefühl von Vergebung bei uns einstellt, sondern wir können Gottes Wort glauben und seine Verheißungen vertrauensvoll annehmen.

Das Gute am Reichtum der Gnade

Wenn wir uns auf das verlassen, was Jesus für uns getan hat und dass er allein unser Bedürfnis nach Annahme stillen kann, dann können wir die Gewissheit haben, dass Gott uns voll und ganz angenommen hat. Es gibt keine Probezeit. Er erwartet keine weiteren Beweise von uns, denn wir sind angenommen, weil wir in Christus sind. Wir müssen nicht in der Angst leben, Gott könnte eines Tages die Wahrheit über uns herausfinden oder er könnte seine Meinung ändern und wir würden dann seine Liebe und Gunst verlieren.

Durch den geliebten Sohn so reich mit Gnade beschenkt zu sein, bedeutet, dass wir frei sein können von den Täuschungen des Teufels, die zu Schuldgefühlen führen. Es gehört zu seinen besonderen Strategien, uns einzureden, Gott sei grundsätzlich genervt von uns oder zornig oder er sei nicht mehr länger unser Freund, sondern unser Feind. Der Teufel sagt uns Dinge wie: „Gott ist wütend auf dich, weil du heute nicht gebetet hast und deshalb wird dir etwas Schlimmes zustoßen." Wenn wir auf Gottes Wahrheit vertrauen, wissen wir, dass diese Anschuldigung schlichtweg falsch ist. Natürlich erwartet Gott von uns Gehorsam und Hingabe, aber darauf schaut er erst, nachdem die Frage der Annahme geklärt ist. Wer zuerst Gehorsam und Ergebenheit predigt und danach erst die Annahme in Jesus, der spannt den Wagen vor das Pferd. Der Wagen und das Pferd gehören zusammen (und in diesem Fall können sie nicht getrennt werden), aber es gilt, einen Schritt nach dem anderen zu tätigen.

Ist die Frage des Angenommenseins erst einmal geklärt, eröffnet sich eine ungeheure Freiheit. Wenn wir von einem anderen Menschen abgelehnt werden, ist das nicht das Ende der Welt. Jesus hat uns gesagt, dass wir in dieser Welt mit Ablehnung und Verfolgung zu rechnen haben, sogar durch unsere engsten Freunde und Familienangehörige. Aber wenn wir wissen, dass wir in Christus angenommen sind, leben wir nicht in Angst vor Ablehnung. Es mag wehtun, wenn wir ausgeschlossen werden, aber dieser Schmerz geht vorbei. Stattdessen haben wir die Freiheit zu lieben und vor der Welt so zu sein, wie wir in Christus sind, weil die Frage der Annahme für immer geklärt ist. Wir wissen, was Gott von uns hält, und das reicht uns.

Unser Glaube daran, dass Gott uns *in seinem geliebten Sohn durch die Gnade angenommen hat,* verleiht uns die richtige Selbsteinschätzung, mit der Gott die Ehre bekommt. Die Tatsache, dass wir ohne Jesus für das Gericht Gottes bestimmt sind, wird nicht beschönigt. Wir wissen weiterhin, dass wir ohne Christus Rebellen gegen Gott sind und dass die Sünde so selbstverständlich von uns kommt wie der Atem. Aber wenn wir unser Leben Christus anvertrauen und danach streben, mit ihm (völlig) verbunden zu sein, sieht die Sache anders aus. Der Vater sieht uns so, wie wir in seinem Sohn sind. Wir können uns nicht dafür rühmen, dass wir *in seinem geliebten Sohn durch Gnade angenommen* sind und wir können uns auch nicht dafür rühmen, dass wir vor seinem Thron einen bevorzugten Status haben. Gott allein bekommt die Ehre.

Warum Gott diesen Weg wählte

Gott hat diesen Weg vor allem deshalb gewählt, damit wir die Herrlichkeit seiner Gnade erkennen und ihn dafür loben. Als Paulus in Epheser 1,6 über *die herrliche Gnade* schrieb, meinte er damit, dass Gottes Herrlichkeit und Gnade zusammengehören. Die Herrlichkeit Gottes ist zweifellos so riesig, dass sie mit menschlichen Worten nicht zu erklären ist. Trotzdem ist es hilfreich zu verstehen, dass seine Herrlichkeit den Kern seiner Identität ausmacht. Die *Herrlichkeit* ist das, was Gott als Gott kennzeichnet. Dazu gehören die Begriffe Schönheit, Majestät und Pracht, aber auch Größe, Macht und Ewigkeit.

Erlösung und Versöhnung durch Gnade zeigen uns die Schönheit der Liebe Gottes, die Majestät seines Charakters, die

Pracht seiner Vergebung, die Größe seines Opfers, die Macht seiner Gerechtigkeit und die Grenzenlosigkeit seines Wissens. Kurz gesagt: In dem, was Gott durch seine Gnade bewirkt, wird seine Herrlichkeit widergespiegelt.

Gottes wunderbare Gnade soll uns dazu bringen, die *Herrlichkeit seiner Gnade zu loben.* Wenn wir merken, wie sich Gottes Gnade in uns ausbreitet, werden wir Gott loben wollen. Denn in der Begegnung mit seiner Gnade wird das große Bedürfnis der Menschen nach bedingungsloser Annahme endlich gestillt. Niemand und nichts kann dieses Bedürfnis auch nur annähernd befriedigen. Doch das Werk der Gnade bringt uns dazu, Gott dafür zu loben, dass er unsere Bedürfnisse gestillt hat. Wer sich etwas auf seine Begnadigung in Jesus einbildet, ist blind. Als sich der walisische Pastor D. Martyn Lloyd Jones näher mit diesem Vers beschäftigte, sagte er: „Warum ich als Christ bin, was ich bin? Darauf gibt es nur eine Antwort: Ich wurde durch die Gnade Gottes reich mit Gnade beschenkt. Ich gebe ihm alle Ehre!"[52]

Alle, die das Wirken von Gottes Gnade miterlebt haben, sollten seine treuesten und leidenschaftlichsten Verehrer sein.

Zögere nicht

In der Zeit, als die westliche Hemisphäre noch zu Recht „Neue Welt" genannt wurde, waren die Entdeckungsreisen mit den großen Schiffen eine gefährliche Angelegenheit. Ein dauerhaftes Problem war die ausreichende Versorgung mit Trinkwasser an Bord. Viele Besatzungen verdursteten, während sie in einem Meer von ungenießbarem Salzwasser festsaßen.

Einmal steckte eine Mannschaft vor der Ostküste Südamerikas fest und durch den Flüssigkeitsmangel waren die Männer schon halbtot. Ihr verzweifeltes Flehen um Hilfe wurde erhört, als sie in der Ferne ein anderes Schiff auf sich zukommen sahen. Auf die Bitte um Wasser sagte ihnen die Besatzung des anderen Schiffs, sie sollten ihre Eimer einfach ins Meer tauchen! Das wirkte auf sie wie ein grausamer Scherz. Sie waren weit draußen im Meer, konnten kein Land sehen und wussten, dass das Salzwasser tödlich war und ihren Durst nicht lindern konnte. Allerdings war den ausgetrockneten

Seeleuten nicht bewusst, dass der Amazonas direkt vor ihnen ins Meer floss und für eine ca. 1,5 Kilometer lange Schneise Süßwasser sorgte. Sie konnten mit ihren Eimern wirklich genau dort, wo sie waren, das Süßwasser des Amazonasflusses trinken. Fast wären sie - umgeben von trinkbarem Wasser - verdurstet.[53]

Gott sagt zu jedem von uns, der seinen Durst nach Annahme stillen möchte: „Tauch deinen Eimer einfach vor dir ein." Wir müssen keinen Berg besteigen oder eine Pilgerreise unternehmen, um von Gott angenommen zu werden. Wir können ganz einfach mit der aufrichtigen Bereitschaft, uns selbst zu verleugnen und voll und ganz auf Christus zu vertrauen, zu Gott kommen. Die Erfüllung unseres Bedürfnisses nach Annahme ist nicht fern, sondern genau da, wo wir sind. Folge den Ratschlägen Martin Luthers an seine Leser:

„Übe dein Gewissen darin zu glauben, dass Gott dich annimmt. Ringe darum, bis jeder Zweifel ausgeräumt ist. Erlange durch das Wort Gottes Zuversicht. Sag: Ich bin mit Gott im Reinen. Ich habe den Heiligen Geist. Christus, an den ich glaube, macht mich würdig. Ich höre gerne von ihm und lese, singe und schreibe gerne über ihn. Nichts würde mir größere Freude bereiten, als dass das Evangelium Christi in der ganzen Welt bekannt wäre und dass viele, viele zum Glauben an ihn kämen."[54]

Kapitel Sechs

Die Gnade, das Gesetz und die Sünde (Teil 1)

Das Gesetz aber wurde gegeben, damit alle Menschen erkennen konnten, wie sündig sie waren. Doch als das Ausmaß der Sünde unter den Menschen immer größer wurde, ist Gottes wunderbare Gnade nochgrenzenloser geworden.
So wie die Sünde also über alle Menschen herrschte und ihnen den Tod brachte, so herrscht jetzt Gottes wunderbare Gnade. Durch sie werden wir vor Gott gerecht gesprochen und gewinnen durch Jesus Christus, unseren Herrn, das ewige Leben.
(Römer 5,20-21)

Gottes Reich ist keine Demokratie. Er spricht seine Entscheidungen nicht zuerst mit einem Kongress der Engel oder der Erlösten ab, bevor er sie verkündet. Gott ist der Chef und er entscheidet, was, wann, wie geschieht – und das tut er, ohne sich dafür zu rechtfertigen. Das ist ein Teil der Verantwortung, die der souveräne Gott hat. Glücklicherweise ist es eine wohlwollende Diktatur mit einem vollkommenen, liebenden Herrn, der die Regeln vorgibt.

Aber stell dir für einen Moment einen imaginären Rat in einem imaginären „demokratischen" Himmel vor. Stell dir vor, wie Gott den Engeln seinen Plan zur Rettung der Menschheit darlegt und ihnen sagt, dass er diesen Plan durchführen wird, indem er den Menschen seine Liebe und Gunst erweist. Dass sie Gnade empfangen aufgrund ihres Glaubens an ihn, nicht aufgrund ihres Verhaltens. Er sagt, dass es egal ist, wieviel Sünde sie auf sich geladen haben, denn er wird ihnen seine Gnade anbieten, die größer als ihre Sünde ist. Und er erklärt, dass er diese Erlösten nicht motivieren wird, indem er ihnen das Gefühl gibt, sie müssten sich seine Anerkennung verdienen. Vielmehr wird er sie so bedingungslos lieben, dass sie ihm aus Dankbarkeit gehorchen werden.

Ich weiß, wenn ich einer der Engel wäre, der sich diesen Plan anhört, würde mir der Kopf schwirren. Ich würde sofort Einspruch einlegen: Erstens würden diese sündhaften Menschen Gott und seine Gnade *ausnutzen*. Sie würden bewusst sündigen, weil sie wüssten, dass sie sich immer auf die Gnade Gottes berufen könnten. Ich würde einwenden, dass Gott den Menschen weiterhin mit heftigen Strafen drohen sollte, wenn er möchte, dass sie ihm gehorchen. Ich würde meinen, dass die Gnade ein viel zu gefährliches Konzept sei und Gott auf jeden Fall beim Gesetz bleiben sollte.

Wir alle können dankbar dafür sein, dass das Reich Gottes keine Demokratie ist und dass Gott den Rat der Engel nicht braucht. Wir wissen auch, dass Gott sich für den Menschen entschieden hat und dafür, ihm die Rettung auf der Grundlage seiner Gnade und nicht des Gesetzes anzubieten. Aber haben diese Einwände nicht immer noch ihre Gültigkeit? Ist es nicht gefährlich zu sagen, dass Gott uns seine Liebe und Gunst unabhängig davon schenkt, was wir getan haben und tun werden? Öffnet das nicht dem Gedanken Tür und Tor, so leben zu wollen, wie wir es für gut erachten, ohne uns um seinen Maßstab zu kümmern?

Vielleicht kennst du Menschen, die so leben. Ihr Leben ist davon gekennzeichnet, dass sie nicht das tun, was Gottes Willen entspricht, aber glauben, dass Gott sie damit durchkommen lässt, weil er ja so nett ist. Sie leben nach dem Grundsatz: „Der liebe Gott wird mir meine Sünden vergeben. Das ist ja schließlich seine Aufgabe!" Sie halten Gottes Gnade und Vergebung für selbstverständlich, doch sie entehren Christus damit. Ihr unausgesprochenes Motto lautet: „Ich sündige gerne und Gott vergibt gerne. Das ist eine tolle Vereinbarung."

Rein menschlich gesehen ist Gnade eine gefährliche Angelegenheit. Deshalb lehren viele Menschen nicht über die Gnade und glauben auch nicht daran, sondern setzen stattdessen auf ein Leben nach dem Gesetz. Sie glauben, wenn man den Menschen sagt, dass Gott sie liebt und annimmt, auch wenn sie es nicht verdient haben, fehlt ihnen die Motivation, ihm zu gehorchen. Ihrer Meinung nach können die Menschen nicht auf dem rechten Weg bleiben, ohne dass ihnen eine Drohung über dem Kopf schwebt.

Die Gnade mag vielleicht gefährlich für uns sein, aber Gottes Plan beinhaltet ein „Sicherheitssystem", das diese Gefahr effektiv entschärft und es ist unsere Pflicht, dieses System zu verstehen und umzusetzen.

In den Kapiteln fünf und sechs seines Briefes an die Römer setzt sich Paulus mit der Verbindung zwischen Gottes Gnade und menschlicher Sünde sehr gründlich auseinander. Er beschreibt, wie Gott der Sünde des Menschen mit Gnade begegnen will und dass er ein Konzept eingesetzt hat, das den Missbrauch der Gnade verhindert.

Überreiche Sünde - noch überreichere Gnade

Der Weg eines hinterhältigen Menschen mag steinig sein (Sprüche 13,15), aber er ist gewiss nicht einsam. In der heutigen Welt gibt es keinen Mangel an Sünden oder Sündern. Es gibt die Geschichte eines Radiopredigers, der behauptete, in der Bibel seien 572 verschiedene Sünden genannt worden. Nach dieser Meldung erhielt er zahlreiche Anfragen von Hörern mit der Bitte, ihnen die vollständige Liste zukommen zu lassen, da sie befürchteten, etwas verpasst zu haben!

Jeder, der sich umschaut, kann sehen, dass es in der Welt viel Sünde gibt. Jeder, der ehrlich zu sich selbst ist, wird zugeben, dass die Sünde auch in ihm blüht und gedeiht. Allerdings ist uns vielleicht nicht bewusst, dass das System des Gesetzes *bewirkt*, dass die Sünde in uns im Überfluss vorhanden ist. Das steht im Gegensatz zum Denken einiger Menschen, die versuchen, das Problem der Sünde mit dem Gesetz zu lösen. Das heißt, sie versuchen, der Sünde Herr zu werden, indem sie eine lange Liste von Regeln und Vorschriften aufstellen, mit dem Gedanken: „Wenn du dich an die Regeln hältst, wird Gott dich annehmen." Doch Paulus sagt uns deutlich und eindringlich, dass das System des Gesetzes die Sünde nicht kontrolliert und besiegt, sondern sie eher noch vermehrt.

Wie kann das sein? Zuallererst zeigt uns das Gesetz *ganz unmissverständlich, was wir falsch gemacht haben.* Das Gesetz ist wie ein Spiegel. Wenn unser Gesicht schmutzig ist, wissen wir normalerweise nicht, wie schmutzig es tatsächlich ist. Wir denken, alles ist okay, aber wenn wir dann in den Spiegel (des Gesetzes) schauen, sehen wir, wie schmutzig unser Gesicht wirklich ist. Das Gesetz lässt uns keine andere Möglichkeit, als zu sehen, wie sündhaft wir sind. Das ist eine Art und Weise, wie durch das Gesetz die Sünde zunimmt.

Außerdem lässt das Gesetz die Sünde überhandnehmen, indem es *den Sünder jeder Möglichkeit beraubt, sich aus der Verantwortung zu ziehen.* Wenn wir den gerechten Maßstab von Gottes Gesetz erkannt haben, können wir uns nicht mehr auf Unwissenheit berufen. Es stimmt zwar, dass Unkenntnis des Gesetzes keine Entschuldigung ist, doch es stimmt auch, dass unsere Schuld viel *größer* ist, wenn wir wissentlich gegen Gottes offenbartes Gesetz sündigen.

Sobald das Gesetz offenbart ist, wird auch *bewusst dagegen rebelliert.* Sobald wir die Regeln kennen, wächst in uns der Drang, diese zu brechen. Ich habe einmal bei einem Freund zu Mittag gegessen. Sein fünfjähriger Sohn wollte etwas von dem Essen meines Freundes abhaben. Aber mein Freund ermahnte seinen Sohn eindringlich, „Fass mein Essen nicht an!" Als mein Freund einen Moment lang wegsah, streckte sein Sohn fast sofort seine Hand nach dem Essen aus. Dabei schaute er seinen Vater an, der aber nicht reagierte. Der Junge merkte bald, dass sein Vater es nicht wirklich ernst meinte, als er sagte: *„Fass* mein Essen nicht an", sondern er eigentlich meinte: *„Iss* mein Essen nicht." Als der Junge das merkte, versuchte er schnell, einen Happen zu nehmen, was sein Vater ziemlich schnell verhinderte! Das Interessante an dieser Geschichte ist, dass es kein besonders freches oder eigenwilliges

Kind war, sondern ein normaler Junge und ein normales menschliches Wesen. Immer, wenn uns eine Regel vorgesetzt wird, erwacht in uns der Wunsch, diese Regel infrage zu stellen – es ist ein Instinkt, der uns dazu bringt, gegen das Gebot rebellieren zu wollen. Das ist ein Grund, warum das Gesetz sorgt dafür, dass die Sünde immer mehr zunimmt. Es weckt die Rebellion in uns.

Das Gesetz hat im Leben eines Christen einen hohen Stellenwert. Bevor wir Gottes überfließende Gnade verstehen und annehmen können, müssen wir uns mit dem Gesetz auseinandersetzen und uns darüber klar werden, dass es die Sünden in uns wachsen lässt. Wenn wir nicht begreifen, dass wir ohne Jesus in der Sünde völlig verloren sind, werden wir die wunderbare Erlösung, die er uns durch seine unverdiente Gunst schenkt, kaum zu schätzen wissen.

Die Gnade kann nur von denen angenommen und geschätzt werden, die verstanden haben, dass sie nichts anderes als Gottes Zorn verdient haben. Solange wir nicht verstanden haben, dass wir von der Macht der Sünde gerettet werden müssen, werden wir im Kampf gegen die Sünde nicht völlig auf Gottes Gnade vertrauen wollen. Leider schenken heutzutage viele Menschen (selbst Christen) der Sünde keine allzu große Aufmerksamkeit. Wenn ein Prediger heute über Sünde predigt, werden ihm viele der Zuhörer zustimmen. In früheren Generationen hätte derselbe Prediger wahrscheinlich das Schluchzen von jenen gehört, die über ihre eigene Sündhaftigkeit und ihre Abhängigkeit von Christus zutiefst betroffen waren. In der modernen Welt ist man der Meinung, dass die Sünde das Problem der anderen ist, da wir „nur Fehler" machen.

Glücklicherweise musst du nicht in einem Leben voller hemmungsloser Sünde verstrickt sein, um zu begreifen, dass es in deinem Leben viel Sünde gibt. Ob du es merkst oder nicht, ohne Jesus Christus bist du schon schlecht genug. Der Heilige Geist kann uns die Sünde ziemlich wirkungsvoll vor Augen führen. Unter anderem überzeugt er „die Welt von ihrer Sünde und von Gottes Gerechtigkeit und vom Gericht" (Johannes 16,8).

Das Gesetz ist ebenso wie das direkte Wirken des Heiligen Geistes ungeheuer wirkungsvoll, wenn es darum geht, uns Gottes gerechte Maßstäbe zu zeigen und darauf hinzuweisen, wie weit wir hinter ihnen zurückbleiben. Das Gesetz verkündet die schlechte Nachricht, aber die gute Nachricht ist, dass Gottes Gnade die Sünde des Menschen weit übertrifft. Doch wo das Ausmaß der Sünde unter den Menschen immer größer wurde, ist Gottes wunderbare Gnade noch grenzenloser geworden (Römer 5,20). Diese Aussage wird im griechischen Urtext noch treffender auf den Punkt gebracht. Frei übersetzt spricht er von der „in höchstem Maße zunehmenden Gnade" oder von „super-duper Gnade".[55]

Das würden wir wahrscheinlich niemals glauben, wenn es nicht ganz deutlich im Wort Gottes stünde. Wenn wir sündigen, reagiert Gott mit Gnade darauf, also mit seiner unverdienten Gunst. Logisch gesehen müsste der Zorn Gottes im Verhältnis zu unserer Sünde zunehmen. Warum also will Gott mit Gnade auf unsere Sünde reagieren? Hat er beschlossen, sein gerechtes Urteil auszusetzen und noch mal ein Auge zuzudrücken? Nein, überhaupt nicht. Er hat auf unsere Sünde mit Gericht und Zorn reagiert, aber die herrliche Wahrheit des Evangeliums ist, dass Gott auf Golgatha seinen Zorn und sein Gericht über Jesus ausgegossen hat und den, der glaubt, verschonen wird. Wenn Gott also mit Gnade auf Sünde reagiert, vernachlässigt er seine Rechtschaffenheit oder seine Gerechtigkeit nicht. Die Auswirkungen der Gnade sind „gerecht", weil sie uns angesichts der Strafe, die Christus am Kreuz auf sich genommen hat, geschenkt wurde. In der Gnade zu leben bedeutet nicht, dass Gott einfach „nett" zu uns ist und es bedeutet ganz sicher auch nicht, dass Gott uns leicht davonkommen lässt, sondern vielmehr, dass Jesus an unserer Stelle ans Kreuz genagelt wurde und den Zorn auf sich nahm, den wir verdient hätten. Golgatha ist ein bleibender Beweis dafür, dass die Gnade den Anspruch Gottes auf Gerechtigkeit nicht in Abrede stellt.

Es ist nicht nur erstaunlich, dass Gott mit Gnade auf unsere Sünde reagiert, sondern es ist auch unglaublich, dass seine Gnade *größer* als unsere Sünde ist. Gottes Gnade ist größer als deine Sünde (oder die Sünde der ganzen Welt). Gott hat in Sachen Gnade niemals „Lieferschwierigkeiten". Sie steht uns immer zur Verfügung, und das in einem Ausmaß, das unsere Sünde bei weitem übersteigt.

Niemand wird verdammt, weil seine Sünde für Gottes Gnade nicht erreichbar ist, sondern nur deshalb, weil er Gottes gnädiges Angebot der Rettung in Jesus Christus ablehnt. Keiner wird aus Gottes Reich ausgeschlossen, weil er zu viel gesündigt hat, sondern weil er nicht an das Evangelium der Gnade geglaubt hat

Mit dem Kreuz hat Gott das Problem der Sünde gelöst. Was den Menschen also von Gott fernhält, ist nicht länger die Sünde, sondern die Tatsache, dass der Mensch die Sünde so sehr liebt, dass er die gute Nachricht der Rettung weder glauben noch annehmen will. Die Gnade Gottes kann niemals *aufgebraucht* werden, aber sie kann *abgelehnt* werden.

Sein Angebot, mich von meinen Sünden zu reinigen, steht mir mit sofortiger Wirkung zur Verfügung. Es gibt keine Probezeit, denn die Gnade wird nicht durch Leistung verdient, sondern im Glauben empfangen. Wenn ich im Vertrauen auf Jesus und sein Werk am Kreuz zu Gott komme, muss ich mir keine Sorgen machen, dass ich vielleicht nicht gut genug für seine Vergebung bin. Gott hat keine abwartende Haltung mir gegenüber. Weil ich auf Christus vertraue und meine Beziehung zu ihm durch Gnade möglich ist, wurde das Problem meiner Sünde bereits durch seine Gnade gelöst.

Gott antwortet auf unsere Sünde mit einer Gnade, die die Sünde übertrifft, deshalb ist die Gnade in diesem Kampf Gottes Waffe. Als Gott sich aufmachte, das Ungeheuer namens Sünde zu töten, fesselte er sie zunächst mit dem Gesetz, aber er tötete sie mithilfe des „Konzepts der Gnade". Augustinus hatte Recht, als er sagte: „Das Gesetz deckt die Sünde auf, aber es ist allein die Gnade, die sie besiegt."[56] Folgender Punkt führt allerdings zu vielen Meinungsverschiedenheiten: Viele sagen, dass die Gnade im Kampf gegen die Sünde eine nutzlose Waffe sei. Sie besiege die Sünde nicht, sondern sie fördere sie, da Gott uns durch Gnade annimmt, ohne dabei auf unsere Leistung zu schauen. Stimmt das? Hat das System der Gnade wirklich einen solch fatalen Makel, der zwangsläufig zum Missbrauch der Gnade führt? Ist die Sünde dort am Werk, wo die Gnade regiert?

Die Herrschaft der Gnade

Beim Schreiben von Römer 5 stellte sich Paulus eine Reihe genau solcher Fragen. Er erläuterte die Merkmale von zwei Herrschaftsformen - die Herrschaft des Gesetzes und die Herrschaft der Gnade. Die Herrschaft des Gesetzes ist gekennzeichnet durch Sünde (das Gesetz hat die Sünde im Überfluss hervorgebracht) und Tod (denn Sünde führt zum Tod). Wir wissen auch, dass unter der Herrschaft des Gesetzes die Sünde und der Tod eine starke und sichere Dominanz haben. Die Gewissheit des Todes wird auf jedem Friedhof und auf jedem Grabstein schmerzlich deutlich. Seine Stärke zeigt sich darin, dass das Gesetz in der Geschichte Israels immer wieder daran scheiterte, die Sünde zu bändigen. Beginnend mit der Anbetung des goldenen Kalbs am Berg Sinai bis hin zu den Sünden der Ehen mit anderen Volksangehörigen in den Tagen von Nehemia zeigt der biblische Bericht von Israels Werdegang, dass unter dem Gesetz der Einfluss der Sünde sehr stark war.

Wenn die Vorherrschaft des Gesetzes bestimmte Merkmale hat, so gilt dies auch für die der Gnade. Paulus spricht deutlich von der Gerechtigkeit als zentrales Merkmal der Gnade. Die Gnade regiert durch die Gerechtigkeit; wo immer die Gnade regiert, wird Gottes gerechter Maßstab eingehalten. Gesetzliche Menschen haben Angst, die Gnade würde bösen Herzen eine Lizenz zum Sündigen geben, aber in der Bibel finden wir diese Befürchtung nicht. Die Gnade passt sich nicht der Sünde an, sondern sie tritt ihr entgegen und übertrifft die Sünde, um sie zu bezwingen. Die Gnade sieht nicht einfach über Ungerechtigkeit hinweg, sondern sie konfrontiert die Sünde mit der Versöhnung, die am Kreuz erkauft wurde und mit dem Sieg, der durch das leere Grab bestätigt wurde. Die Gnade ist kein Freund der Sünde, sondern ihr Todfeind.

Thomas Benton Brooks sagte: „Feuer und Wasser können genauso gut im selben Gefäß sein wie Gnade und Sünde im selben Herzen."[57]

Dietrich Bonhoeffer war ein Mann, der verstanden hatte, dass das Leben als Christ ein Aufruf zu wahrer Jüngerschaft und nicht bloß ein System intellektueller Glaubenssätze ist. Er lehrte, dass jeder, der aufrichtig an einen gerechten Gott glaubt, auch das Verlangen haben muss, ein rechtschaffenes und heiliges Leben zu führen. Er prägte einen Ausdruck, der die Art von Leben beschreibt, die ein oberflächlicher Christ lebt: „Billige Gnade".[58]

Ich bewundere viele Dinge an Bonhoeffer, aber den Ausdruck „billige Gnade" mag ich überhaupt nicht. Ich stimme dem Konzept und den damit verbundenen Prinzipien zu, aber so etwas wie *„billige Gnade" gibt es einfach nicht.* Wer diesen Ausdruck benutzt, könnte genauso gut auch „kaltes Feuer" oder „weißes Schwarz" sagen. „Billige Gnade" existiert einfach nicht. „Gnade", die im Herzen des Gläubigen weder das Verlangen nach Gerechtigkeit noch ein Wachstum in der Gerechtigkeit verursacht, ist überhaupt keine Gnade, sondern nur Pseudognade. Sie ist unecht und nachgemacht. Charles Spurgeon, der große englische Prediger, sagte dazu:

> „Wenn du die Art von Gnade hast, die dich nicht keusch bleiben und dein Verhalten anständig und ehrbar sein lässt; wenn du die Art von Gnade hast, die dich betrügen und lügen lässt, die dir erlaubt, im Geschäftsleben einen unrechtmäßigen Vorteil zu erlangen, dann fort mit dieser Gnade: Es ist die Gnade des Teufels, aber nicht die Gnade Gottes. Mögest du vor ihr bewahrt werden."[59]

Oder anders gesagt: „Die Gnade, die mein Verhalten nicht ändert, wird auch mein Schicksal nicht ändern."

Gläubige, die in der Gnade leben, sind nicht ohne Sünde. Obwohl ihr Leben von der Gerechtigkeit beherrscht wird, ist es keine Alleinherrschaft. Es gilt weiterhin, gegen die Sünde anzukämpfen, mit dem Unterschied, dass der Gläubige, der mit Gnade erfüllt ist, gegen die Sünde kämpfen will und diesen Kampf so lange fortführen wird, bis die Sünde überwunden ist. Wer ein Herz voller Gnade hat, dem tut die Sünde weh. Gläubige haben keinen Friedensvertrag mit der Ungerechtigkeit geschlossen, sondern sie wollen weiterkämpfen, bis Gott dem Krieg ein Ende setzt.

So wie ein Leben unter der Herrschaft des Gesetzes von Sünde und Tod gekennzeichnet war, verbindet man ein Leben unter der Herrschaft der Gnade mit Gerechtigkeit und dem ewigen Leben.

Paulus schrieb: „So wie die Sünde also über alle Menschen herrschte und ihnen den Tod brachte, so herrscht jetzt Gottes wunderbare Gnade. Durch sie werden wir vor Gott gerecht gesprochen und gewinnen durch Jesus Christus, unseren Herrn, das ewige Leben". (Römer 5,21) Die Gnade begegnet der Sünde des Gesetzes mit Gerechtigkeit und antwortet auf den Tod, den das Gesetz brachte, mit dem ewigen Leben. Die Herrschaft des Gesetzes, begleitet von Sünde und Tod, war sehr stark und fest. Aber die Herrschaft der Gnade ist noch stärker und sie ist unverrückbar, denn Jesus Christus hat sie uns gebracht. Da die Herrschaft der Gnade in der Hand von Jesus Christus liegt, können wir absolut sicher sein, dass sie durch nichts an Stärke und Wirkung verlieren wird.

Paulus zeigt uns, dass dort, wo das System der Gnade regiert, für Gerechtigkeit gesorgt ist. Gott hat das Konzept der Gnade für uns abgesichert, denn in ihr ist kein Platz für ausuferndes Sündigen und die Missachtung seines heiligen Maßstabs. Aber wie funktioniert das? Was hat Gott getan, um das Konzept der Gnade sicher zu machen?

Paulus hat dieses Problem in Römer Kapitel 6 direkt angesprochen. Aber bevor wir die Antwort vollständig verstehen können, müssen wir zunächst das Problem richtig einordnen. Die Gnade ist nicht gefährlich; sie ist sehr sicher, aber *wir* sind es nicht. Das Problem besteht nicht darin, die Gnade für uns sicher zu machen. Was könnte an Gottes unverdienter Gunst unsicher sein? Es geht darum, uns einen sicheren Umgang mit der Freiheit zu ermöglichen, die wir durch die Gnade bekommen haben. Wir sind es, die verändert werden müssen, nicht Gottes Prinzip der Gnade. Was genau tut Gott also im Gläubigen, um ihm oder ihr einen sicheren Umgang mit der Gnade zu gewährleisten?

Der sichere Umgang mit der Gnade

> „Heißt das, dass wir weiter sündigen sollen, damit Gott Gelegenheit hat, uns noch mehr Gnade zu schenken? Natürlich nicht! Wenn wir für die Sünde tot sind, wie können wir da weiter in ihr leben? Oder wisst ihr nicht, dass wir mit Jesus Christus gestorben sind,

als wir auf seinen Namen getauft wurden? Denn durch die Taufe sind wir mit Christus gestorben und begraben. Und genauso wie Christus durch die herrliche Macht des Vaters von den Toten auferstanden ist, so können auch wir jetzt ein neues Leben führen." (Römer 6,1-4)

Paulus stellte sich beim Schreiben vor, wie ihm jemand widersprechen und behaupten würde, dass die Gnade ein Freifahrtschein zur Sünde sei, ohne Angst vor einer Strafe haben zu müssen. Dass einige denken würden: „Also, wenn es dort, wo viel Sünde ist, auch viel Gnade gibt, kann ich weiterhin in Sünde leben und trotzdem in den Genuss von entsprechend viel Gnade kommen." Was hat Paulus auf dieses Argument erwidert? „Natürlich nicht! So funktioniert Gottes Gnade nicht."

Daraufhin erläutert Paulus, was Gott zuallererst in jedem Gläubigen tut, um ihm einen sicheren Umgang mit der Gnade zu ermöglichen: Gott sorgt dafür, dass jeder, der an Jesus Christus glaubt, geistlich mit ihm stirbt und anschließend mit ihm auferweckt wird. Darüber sollten wir noch genauer nachdenken. Paulus sagt, dass Gott im Leben eines Menschen, der an Christus glaubt, eine grundlegende Veränderung vornimmt. Diese Veränderung findet im Bereich des Geistes statt, aber sie ist genauso real wie in der physischen Welt. Als Jesus starb, ist der Gläubige geistlich gesehen mit ihm gestorben, und als Jesus von den Toten auferstand, ist der Gläubige mit ihm auferstanden.

In Kapitel 5 sagte Paulus, dass mit Adams Sünde jeder Mensch mit ihm in Sünde gefallen sei (Römer 5,19). Deshalb sind alle Menschen Sünder, weil wir alle in Adam gesündigt haben. Genauso, wie wir alle Anteil an Adams Sünde hatten (die sich durch unsere eigene Rebellion schon bestätigt hat), haben alle Gläubigen Anteil am Tod Christi, an seiner Grablegung und an seiner Auferstehung. Wem das zu vage und wirklichkeitsfremd erscheint, sollte daran denken, dass Gott uns mit der Wassertaufe eine konkrete Darstellung dieser Tatsache gibt. Die Taufe symbolisiert den Tod, das Begräbnis und die Auferstehung, die wir durch unsere Zugehörigkeit zu Jesus erfahren haben. So wie ein Mensch in der Taufe unter Wasser *getaucht* wird und wieder *auferstanden* ist, ist jeder, der an Christus glaubt, mit ihm in seinem Tod *untergetaucht* und zu neuem Leben *auferstanden*, so wie Jesus selbst.

Diese wunderbare Wahrheit hat weitreichende Auswirkungen. Paulus hat an einem Beispiel gezeigt, warum unser Umgang mit der Gnade sicher ist: Wenn wir mit Christus der Sünde gestorben sind, dann ist unsere Beziehung zur Sünde zerbrochen. Wer gestorben ist, ist kein Sklave der Sünde mehr, sondern hat die Sünde hinter sich gelassen und von dem Punkt an eine andere Beziehung zu ihr. Tote müssen nicht mehr mit Versuchungen kämpfen. Ein einschneidendes Ereignis hat alles an ihnen verändert, auch ihre frühere Beziehung zur Sünde.

Was starb der Sünde, als Jesus starb? Paulus sagt uns in Römer 6,6: „Unser früheres Leben wurde mit Christus gekreuzigt, damit die Sünde in unserem Leben ihre Macht verliert. Nun sind wir keine Sklaven der Sünde mehr." Der *alte Mensch* ist der Mensch, der nach dem Vorbild Adams gestaltet ist - der Teil von uns, in dem das Verlangen, gegen Gott und seine Gebote zu rebellieren, tief sitzt. Das Gesetz versucht, den *alten Menschen* zu verbessern, ihn dazu zu bringen, ein neues Leben zu beginnen. Das System der Gnade hingegen weiß, dass der *alte Mensch* nicht verbessert werden kann. Er muss getötet werden und bei den Gläubigen ist es so, dass der *alte Mensch* mit Jesus gestorben ist.

Wenn der *alte Mensch* tot ist, warum kämpfen Gläubige dann immer noch mit dem Wunsch zu sündigen und gegen Gott und seine Gebote zu rebellieren? Ist das nicht alles mit Jesus am Kreuz gestorben? Wenn wir, die wir wiedergeboren sind, unser eigenes Leben untersuchen, wird deutlich, dass wir zwei Naturen haben: Wir alle kennen das Gefühl, dass wir zwei „Menschen" in uns haben. Das lässt sich zum Beispiel mit dem Bild des Engels auf der einen und des Teufels auf der anderen Schulter beschreiben, die beide versuchen, uns auf ihre Seite zu ziehen. Wie auch immer wir es uns vorstellen: Alle, die versuchen, ein Leben als Christ zu führen, kennen diesen inneren Kampf. Aber wo hat dieser Kampf zwischen den beiden Seiten seinen Ursprung?

Die Gnade, das Gesetz und die Sünde (Teil 1)

Der neue und der alte Mensch in uns

Um dies zu verstehen, müssen wir uns zuerst einmal in Erinnerung rufen, was im Inneren eines Menschen passiert, wenn er wiedergeboren wird. Wenn jemand wiedergeboren wird, stirbt der alte Mensch mit Christus. Mit unserer Bekehrung ist der alte Mensch, das Ich, welches wir von Adam geerbt haben und das instinktiv gegen Gott rebelliert, gestorben. So wie Jesus tot war, als er ins Grab gelegt wurde, so ist auch der alte Mensch in jedem Menschen, der sich durch den Geist Gottes bekehrt hat, tot. Deshalb weist die Bibel nie auf die Notwendigkeit hin, den alten Menschen *zu töten*, sondern es heißt, dass wir den alten Menschen *für tot halten* sollen. Der alte Mensch *ist* tot, und wir müssen ihn im Glauben schlicht für tot halten.

Doch das, was bei der Bekehrung im Gläubigen geschieht, endet nicht mit dem Tod des alten Menschen – denn schließlich wird in jedem Gläubigen ein neuer Mensch geboren, der nach dem Vorbild von Christus geschaffen ist. Paulus ist davon genauso überzeugt wie von dem Tod des alten Menschen:

> „Denn durch die Taufe sind wir mit Christus gestorben und begraben. Und genauso wie Christus durch die herrliche Macht des Vaters von den Toten auferstanden ist, so können auch wir jetzt ein neues Leben führen. Da wir in seinem Tod mit ihm verbunden sind, werden wir auch in der Auferstehung mit ihm verbunden sein." (Römer 6,4-5)

Wenn wir uns bekehren, werden wir als neuer Mensch erschaffen, der keinerlei Ähnlichkeit mehr mit dem alten Menschen hat. Der alte Mensch hat instinktiv gegen Gott rebelliert, doch für den neuen Menschen ist es ganz natürlich, Gott zu lieben und seinen Willen zu tun. Paulus hat den Charakter dieses neuen Menschen in zwei seiner Briefe ganz genau beschrieben: „Als neue Menschen, geschaffen nach dem Ebenbild Gottes und zur Gerechtigkeit, Heiligkeit und Wahrheit berufen, sollt ihr auch ein neues Wesen annehmen" (Epheser 4,24). „Und [ihr] habt die neue Natur angenommen. Gott erneuert sie, sodass man erkennen kann, wie sie dem Bild ihres Schöpfers gleicht". (Kolosser 3,10)

Der neue Mensch trägt den Stempel und das Siegel von Jesus Christus, während der alte Mensch (welcher tot und vergangen ist) das Siegel des rebellischen Adam trug. Weil der neue Mensch in uns nach dem Bild Gottes geschaffen ist, haben wir „Anteil an seiner göttlichen Natur" bekommen (2.Petrus 1,4).

Wir dürfen nicht vergessen, dass das Sterben mit Jesus nur ein Teil des Prozesses ist. Wir sind zwar mit ihm gestorben, doch das war nur die Vorbereitung auf das größere Werk, nämlich mit ihm aufzuerstehen. Wie in 2.Timotheus 2,11 geschrieben steht: „Dies ist ein wahres Wort: Wenn wir mit ihm sterben, werden wir auch mit ihm leben." Das Leben ist das Ziel und der Tod des alten Menschen ist nur ein Teil des Prozesses. Im Leben eines Christen geht es natürlich auch darum, sein Kreuz auf sich zu nehmen und mit Christus zu sterben. Jedoch sind diese Dinge nicht das eigentliche Ziel, sondern nur ein Teil des Weges zum Auferstehungsleben. Viele Christen leben im ersten Teil der Gleichung, verpassen aber die Freude am Leben mit dem auferstandenen Christus. Jesus hat diese unvollständige Erfahrung für die Gläubigen nie gewollt!

Wir wissen jetzt zwei Dinge: 1. dass der alte Mensch nach dem Ebenbild Adams tot ist und 2. dass der neue Mensch nach dem Ebenbild Jesu Christi in uns ist. Außerdem wissen wir, dass es in uns einen Kampf zwischen den beiden Menschen gibt, die sich gegenseitig zu widersprechen scheinen. Wenn der alte Mensch wirklich tot und der neue Mensch wirklich lebendig ist, warum tobt dann dieser Kampf in uns?

Damit sind wir beim Thema *Fleisch* angelangt, das sich noch einmal vom alten und neuen Menschen unterscheidet. Das *Fleisch* hat viele Aspekte, darunter körperliche Begierden und Gewohnheiten. Unser *Fleisch* folgt dem Einfluss des inneren Menschen, ob es sich nun um den alten oder den neuen Menschen handelt. Das *Fleisch* ist zwar moralisch neutral, steht aber in jedem von uns unter dem zerstörerischen Einfluss des alten Menschen. Dieser drückt unserem *Fleisch*, unserer Persönlichkeit und unseren Gewohnheiten seinen Stempel auf. Diese Prägung beeinflusst uns jahrelang, bis wir Jesus schließlich vertrauen, doch bis dahin hat sie bereits ihre Spuren in uns hinterlassen. Der alte Mensch hat das *Fleisch* strikt nach seiner eigenen Natur gestaltet. Auch wenn der alte Mensch im Leben des Gläubigen tot ist, lebt sein Vermächtnis im *Fleisch* weiter, das von Gewohnheiten und Verhaltensmustern geprägt ist, die der alte Mensch für gut befunden hat.

Aus diesem Grund ist das *Fleisch* so gefährlich und kämpft mit dem neuen Menschen um die Kontrolle:

> „Deshalb: Lebt so, wie es eurem neuen Leben im Heiligen Geist entspricht. Dann werdet ihr auch nicht tun, wozu eure sündigen Neigungen euch drängen. Die alte, sündige Natur liebt es, Böses zu tun - genau das Gegenteil von dem, was der Heilige Geist will. Der Geist weckt in uns Wünsche, die den Neigungen unserer sündigen Natur widersprechen. Diese beiden Kräfte liegen in ständigem Streit miteinander, sodass ihr nicht das tun könnt, was ihr wollt." (Galater 5,16-17)

Dieser Kampf findet nicht allein zwischen dem alten und dem neuen Menschen statt, sondern auch zwischen dem neuen Menschen und dem *Fleisch*, das vom alten Menschen geprägt wurde. Wie können wir erfolgreich aus dem Kampf zwischen dem neuen Menschen und dem *Fleisch* hervorgehen? Zuallererst müssen wir uns so *mit dem Fleisch auseinandersetzen*, wie Gott mit dem alten Menschen. Paulus schreibt in Römer 6, dass der alte Mensch mit Christus gekreuzigt wurde und in Galater 5,24 sagt er: „Diejenigen, die zu Christus Jesus gehören, haben die Leidenschaften und Begierden ihrer sündigen Natur an sein Kreuz geschlagen."

Sobald man an Jesus glaubt, wird der alte Mensch durch das souveräne Werk Gottes abgelöst. Doch Gott will, dass sich der Gläubige bewusst dazu entscheidet, den Kampf gegen das *Fleisch* aufzunehmen. Der Schlüssel zu diesem Kampf liegt darin, das *Fleisch* und seine Begierden unter die Herrschaft des Kreuzes zu stellen und dem neuen Menschen zu unterwerfen, der nach dem Vorbild Christi geschaffen wurde. Wenn das *Fleisch* nicht vom neuen Menschen im Zaum gehalten wird, kann es uns auf die gleiche Weise beeinflussen wie der alte Mensch, denn das *Fleisch* ist vom alten Menschen geprägt.

Es gibt zwei weitere wichtige Aspekte, die wir beim Kampf zwischen dem neuen Menschen und dem *Fleisch* beachten müssen. Der neue Mensch ist unser *wahres Selbst*. Auch wenn das *Fleisch* einen starken Einfluss auf uns ausüben und sich als unser wahres Selbst ausgeben kann, können wir uns fest auf das Wort Gottes verlassen und sagen, dass dies nicht der Fall ist. Das wahre Selbst erfreut sich am Willen Gottes und an seiner Liebe und wir sind dazu aufgerufen, uns mit jeder Faser unter den Einfluss des neuen Menschen zu stellen. So gesehen gibt es keine „zwei Menschen" im Gläubigen, weil das wahre Selbst einzig und allein nach dem Ebenbild Jesu geformt ist. Wenn wir mitten im Kampf zwischen dem *Fleisch* und dem neuen Menschen stecken, fühlt es sich allerdings an, als seien tatsächlich zwei Kräfte in uns am Werk und als seien beide gleichermaßen legitim. Das mag sich so anfühlen, aber wir wissen im Glauben, dass unsere einzig legitime Natur die ist, die Gott in seiner Gerechtigkeit und wahren Heiligkeit geschaffen hat.

Zweitens dürfen wir niemals vergessen, dass der Kampf zwischen dem neuen Menschen und dem *Fleisch* ein mühsamer Kampf ist. Das *Fleisch* wurde vom alten Menschen gut dressiert und eingefahrene Gewohnheiten und Denkmuster ändern sich nicht über Nacht. Wenn wir uns auf den Kampf einlassen, das *Fleisch* dem neuen Menschen unterzuordnen, sollten wir nicht glauben, dass uns dies schnell und einfach gelingen wird. Wir müssen uns auf einen langen Kampf einstellen und dürfen uns nicht wegen einer verlorenen Schlacht einreden lassen, dass der ganze Kampf verloren ist.

Was dabei herauskommt

In Römer 6,14 lesen wir, wie dieser Kampf ausgeht: „Die Sünde hat die Macht über euch verloren, denn ihr steht nicht mehr unter dem Gesetz, sondern seid durch Gottes Gnade frei geworden." Paulus beschreibt, dass das Gesetz im Kampf gegen die Sünde wirkungslos ist und die Sünde sogar noch vermehrt. Das Gesetz hält uns unter der Gewalt der Sünde. In der Gnade sind wir jedoch von der Herrschaft der Ungerechtigkeit befreit, weil unsere sündhafte Natur in der Gnade getötet wird und wir einen neuen Lebensweg mit Jesus anfangen. Wie können wir also in der Freiheit, die wir durch die Gnade haben, sicher davor sein, in Sünde zu leben? Indem wir mit Christus sterben und mit ihm auferweckt werden. Der Umgang mit der Gnade ist nur für denjenigen sicher, der von der Herrschaft der Sünde befreit wurde; und das geschieht, sobald ein Mensch durch den Geist Gottes wiedergeboren wird. Wer mit Christus gestorben ist, lebt nicht mehr unter der Herrschaft der Sünde. Das meinte auch der Apostel Johannes, als er schrieb:

> „Wer also mit ihm lebt, sündigt nicht. Wer aber weiter sündigt, hat ihn nicht erkannt oder nicht begriffen, wer er ist. (…) Wer zu Gott gehört, sündigt nicht, weil Gottes Leben in ihm ist. Deshalb kann er nicht mehr sündigen, denn er ist von Gott geboren." (1.Johannes 3,6+9)

Der Gläubige ringt weiterhin mit der Sünde und in manchen Phasen kämpft er verzweifelt gegen sie an. Denken wir daran, dass der alte Mensch den Gläubigen durch das *Fleisch* weiterhin beeinflussen wird, aber die einstige Tyrannei der Sünde ist für immer gebrochen.

Menschen, die in Christus wiedergeboren wurden, fühlen sich mit Gewohnheitssünden unwohl, denn sie werden ständig daran erinnert, dass ihr „Lebensraum" jetzt in der Gerechtigkeit - und nicht mehr in der Sünde - ist. Das ist die erste und wichtigste Maßnahme, wie Jesus Gnade für uns sicher macht: Da wir uns mit seinem Tod und seiner Auferstehung identifizieren, hat er uns so sehr verändert, dass wir uns nicht mehr zur Sünde, sondern zur Gerechtigkeit hingezogen fühlen.

Kapitel Sieben

Die Gnade, das Gesetz und die Sünde (Teil 2)

„Bedeutet das, dass wir weiter sündigen dürfen, weil Gottes Gnade uns vom Gesetz befreit hat? Natürlich nicht!"
(Römer 6,15)

Ein neuer Herr

Die Aussagen im ersten Teil von Römer 6 sind für Christen entweder gute oder schlechte Nachrichten. Die gute Nachricht ist, dass wir viele Antworten auf theologische Fragen bekommen haben. Die schlechte Nachricht ist, dass diese Aussagen ein größeres Problem im Hinblick auf unser praktisches Leben aufwerfen können. All das Gerede darüber, dass Gott uns und unsere Wünsche verändert, scheint für den Christen, der gerade mitten in einem intensiven Kampf gegen Versuchung und Sünde steckt, weit weg zu sein. Wie kann das Konzept der Gnade im täglichen Kampf gegen die Sünde von Hilfe sein?

Zu dieser Frage äußert sich Paulus im zweiten Teil von Römer 6. Nachdem er sich ausreichend mit dem Thema der Gewohnheitssünde befasst hat (und sagt, dass sie für den, der mit Jesus gestorben und auferstanden ist, unvereinbar sei), wendet er sich nun dem Thema der gelegentlichen Sünde zu, also der Sünde im Alltag. Im Wesentlichen fragt er: „Sollen wir (gelegentlich) sündigen, weil wir nicht unter dem Gesetz stehen?" Der Apostel stellt sich eine Unterhaltung mit jemandem vor, der behauptet, es sei in einem Leben unter der Gnade nicht so schlimm, wenn man hier und da mal ein wenig sündige. Doch Paulus zeigt uns, dass dieses Denken dem Werk der Gnade entgegensteht:

> „Erkennt ihr denn nicht, dass ihr immer der Sklave dessen seid, dem ihr gehorcht? Ihr könnt die Sünde wählen, die in den Tod führt, oder ihr könnt Gott gehorchen und seine Anerkennung bekommen. Gott sei Dank! Denn früher wart ihr Sklaven der Sünde, doch nun habt ihr euch von ganzem Herzen der neuen Lehre unterstellt, der ihr anvertraut wurdet. Jetzt seid ihr frei von der Sünde und dient stattdessen der Gerechtigkeit."
> (Römer 6,16-18)

Paulus beschreibt hier einen drastischen Wandel, denn wir sind nicht länger Sklaven der Sünde, sondern Sklaven der Gerechtigkeit. Der Griechisch-Wissenschaftler Kenneth Wuest hat in seinem Kommentar zu Römer 6 sehr treffend beschrieben, was es bedeutete, ein Sklave in der Zeit des Neuen Testaments zu sein.

In unserer modernen Welt ist das antike Konzept der Sklaverei unvorstellbar - zu Paulus' Zeiten war es Gang und Gäbe. Da es verschiedene Arten der Sklaverei gab, ist das Wort, mit dem Paulus sowohl unsere Sklaverei der Sünde als auch die Sklaverei der Gerechtigkeit beschreibt, sehr spezifisch. Laut Wuest bedeutet dieser besondere griechische Ausdruck: „Jemand, der quasi in die Sklaverei hineingeboren wurde, dessen eigener Wille vom Willen eines anderen geschluckt wurde und der mit Ketten an seinen Herrn gefesselt ist, die nur der Tod lösen kann; jemand, der seinem Herrn dient, ohne dabei auf seine eigenen Interessen zu achten."[60] Betrachten wir das Ganze Punkt für Punkt. Von dem von Paulus verwendeten Begriff lassen sich diese vier Aspekte für die Art von Sklaverei ableiten, die er in Römer 6 beschrieben hat:

- Jemand, der in die Sklaverei hineingeboren wurde.
- Jemand, dessen Willen vom Willen seines Herrn geschluckt wurde.

- Jemand, der mit Ketten an seinen Herrn gefesselt ist, die nur der Tod lösen kann.
- Jemand, der seinem Herrn dient, ohne dabei auf seine eigenen Interessen zu achten.

Diese Aspekte liefern eine treffende Beschreibung unserer Sklaverei der Sünde. Wir wurden in sie hineingeboren (denn wir alle sind Nachkommen Adams) und unser Wille wurde vom Verlangen zu sündigen geschluckt. Die Sünde ist für uns natürlich. Es ist für uns auch üblich, der Sünde zu dienen, ohne dabei unser eigenes Wohl im Auge zu haben. Wir sind dauerhaft an die Sünde gefesselt und diese Ketten können nur durch den Tod gebrochen werden (den Tod des alten Menschen).

In dem Film *Spartacus* aus dem Jahr 1960 spielte Kirk Douglas den entlaufenen Sklaven Spartacus, der im alten Rom einen kurzen, aber weitreichenden Sklavenaufstand anführte. An einer Stelle des Films sagt Spartacus: „Der Tod ist die einzige Freiheit, die ein Sklave kennt, deshalb hat er keine Angst davor."[61]

Genauso können wir von unserer Sklaverei der Sünde nur durch den Tod befreit werden – gemeint ist nicht der Tod unseres leiblichen Körpers, sondern der Tod des alten Menschen, wie wir in Kapitel 6 gelesen haben. Wenn wir der Sünde gestorben sind, haben wir ein neues Leben; ein Leben, das nicht mehr von der Sklaverei der Ungerechtigkeit beherrscht wird.

Diese oben erwähnten vier Aspekte, die einst das Leben eines Christen als Sklaven der Sünde kennzeichneten, sollten nun unser Leben als Sklaven der Gerechtigkeit kennzeichnen. Wir werden in den Dienst der Gerechtigkeit *hineingeboren* (denn genau darum geht es bei der Wiedergeburt) und unser Wille und unsere Wünsche sollen von den Wünschen unseres neuen Herrn geschluckt werden. Da wir in Jesus ewiges Leben haben und nur der Tod unser neues Leben als Sklaven beenden könnte, werden wir Gott für immer dienen. Im Dienst der Gerechtigkeit sind wir aufgerufen, unsere eigenen Interessen und Wünsche abzulegen. Diese vier Aspekte galten bisher für unseren Dienst der Sünde, aber jetzt sollten sie unseren Dienst der Gerechtigkeit beschreiben.

Von dem Wechsel vom alten zum neuen Herrn zu reden, mag sehr theoretisch, klingen, doch man kann es auch praktisch ausdrücken: Wir wurden *wahrhaftig* und *offiziell* von der Sklaverei der Sünde befreit. Aber wir können dieses Werk verhindern, indem wir uns selbst versklaven.

Im 14. Jahrhundert kämpften zwei Brüder um die Herrschaft eines Herzogtums im heutigen Belgien. Der ältere Bruder hieß Raynald, wurde aber im Volksmund Krassus genannt. Das war ein lateinischer Spitzname und bedeutete „der Fette", denn er war extrem fettleibig. Nach einer hitzigen Schlacht führte Raynalds jüngerer Bruder Edward einen erfolgreichen Aufstand gegen ihn an und übernahm den Titel des Herzogs über dessen Ländereien. Doch anstatt Raynald zu töten, dachte sich Edward eine kuriose Art der Gefangenschaft aus. Er ließ einen Raum in der Burg um Raynald herum bauen, einen Raum mit nur einer Tür. Die Tür war nicht verschlossen, die Fenster nicht vergittert, und Edward versprach Raynald, dass er sein Land und seinen Titel jederzeit zurückerobern konnte. Er musste dazu nur den Raum verlassen, in dem er gefangen gehalten wurde. Nicht die Türen oder Fenster standen seiner Freiheit im Weg, sondern Raynald selbst. Mit seinem Übergewicht passte er nicht durch die Tür, auch wenn sie fast normal groß war. Raynald hätte nur Diät halten müssen, um als freier Mann mit allen Privilegien, die er vor seinem Umsturz hatte, wieder herauszukommen. Doch sein jüngerer Bruder schickte ihm immer wieder leckere Speisen und Raynalds Wunsch nach Freiheit war nie stärker als sein Verlangen nach Essen. Einige warfen Herzog Edward Grausamkeit vor, aber der antwortete nur: „Mein Bruder ist kein Gefangener. Er kann gehen, wann er will." Raynald blieb zehn Jahre lang in diesem Raum, bis Edward schließlich in einer Schlacht getötet wurde.[62]

Diese Geschichte beschreibt die schmerzlich zutreffende Erfahrung vieler Christen. Jesus hat sie für immer frei gemacht und sie können in dieser Freiheit von der Sünde leben, wann immer sie wollen. Aber weil sie ihre körperlichen Gelüste immer wieder in den Dienst der Sünde stellen, führen sie ein Leben, das von Niederlagen, Entmutigung und Gefangenschaft geprägt ist.

Leider leben viele Christen infolge ihres Unglaubens, ihrer Selbstgefälligkeit oder ihrer Unwissenheit nie in der Freiheit, für die Christus am Kreuz bezahlt hat. D. L. Moody erzählte regelmäßig die Geschichte einer alten Afroamerikanerin aus den Südstaaten der USA. Der Bürgerkrieg war gerade vorbei und als ehemalige Sklavin wusste sie nichts mit ihrem neuen Bürgerrecht anzufangen:

> „Bin ich nun frei oder bin ich es nicht? Wenn ich zu meinem alten Herrn gehe, sagt der, ich bin es nicht und wenn ich zu meinen Leuten gehe, sagen die, dass ich frei bin und jetzt weiß ich nicht, ob ich frei bin oder nicht. Man hat mir erzählt, dass Abraham Lincoln eine Erklärung unterschrieben hat, aber mein Herr sagt, dass er es nicht getan hat und dass er dazu kein Recht hätte."[63]

Geistlich gesehen befinden sich viele Christen in diesem Zustand. Sie sind rechtlich gesehen von der Sklaverei der Sünde befreit, aber sie sind nicht sicher, ob das wirklich stimmt. Und natürlich versucht unser „alter Dienstherr" uns weiterhin davon zu überzeugen, dass wir immer noch seine Sklaven seien. Wir sollten nicht mehr auf unseren „alten Dienstherren" hören, sondern alles daransetzen, in der Freiheit zu wandeln, die Christus für uns erkauft hat (Galater 5,1).

Da Jesus uns befreit hat, wie können wir eine Selbstversklavung vermeiden? Paulus sagt uns in Römer 6,19:

> „Ich benutze diesen Vergleich mit den Sklaven, weil er leicht zu verstehen ist. Früher habt ihr als Sklaven der Unreinheit und Gesetzlosigkeit gedient; jetzt sollt ihr euch dafür entscheiden, für die Gerechtigkeit zu leben, damit ihr heilig werdet."

Als wir unter der Herrschaft der Sünde standen, gaben wir unsere Körperteile der Sünde hin. Unsere *Augen* verführten uns zur Lust, unsere *Zunge* log und lästerte und unsere *Hände* haben gestohlen und anderen Gewalt angetan. Paulus sagt uns, dass das

Geheimnis eines Lebens in der Freiheit darin liegt, unseren ganzen Körper in den Dienst unseres neuen Dienstherrn zu stellen.

Dafür gibt es im Alten Testament ein starkes Bild. Als Aaron und seine Söhne zu Priestern Gottes geweiht wurden, gehörte das Aufbringen von Opferblut auf ihrem Körper zur Zeremonie (3. Mose 3). Auf ihr rechtes Ohr wurde das Blut eines Widders aufgetragen, weil sie mit diesem Ohr von nun an auf Gott hören sollten. Außerdem wurde das Blut auf ihre rechte Hand und ihren rechten Fuß gestrichen, weil diese von nun an für den Dienst Gottes ausgesondert sein sollten. So sollten auch wir anerkennen, dass unser Körper mit dem Opfer Jesu erkauft wurde und sein Blut auf unsere Ohren, Hände und Füße aufgetragen wurde, damit sie für seinen Dienst zur Verfügung stehen. Wenn wir so leben, als würde unser Körper Jesus gehören, wird unser Sieg über die tägliche Sünde beständiger sein.

Jesus hat uns von der Macht der Sünde befreit, und doch müssen wir uns ständig dazu entscheiden, Gott mit jedem Aspekt unseres Seins zu dienen. Es ist eine tägliche Entscheidung, von ganzem Herzen, von ganzer Seele und mit all unserer Kraft für ihn zu leben. Diese Entscheidung ist wichtig, denn wenn wir unentschlossen sind, ist es leicht, durch die Macht der Gewohnheit in die Sünde zurückzufallen.

In Römer 6,19 zeigt uns Paulus ein weiteres Prinzip, das im Kampf, unserem neuen Herrn zu dienen, wichtig ist: Gesetzlosigkeit führt zu größerer Gesetzlosigkeit, und Gerechtigkeit führt zu größerer Gerechtigkeit. Der Kampf, die Sünde abzulehnen und der Gerechtigkeit zu dienen, funktioniert zum Teil auf dem Prinzip der Eigendynamik oder des Schneeballeffekts. Du kennst die Szenen aus Zeichentrickfilmen, in denen ein kleiner Schneeball einen Hügel hinunterrollt und dabei immer größer und schneller wird. Wenn er erst einmal eine Richtung eingeschlagen hat, bewegt er sich mit zunehmender Kraft und Geschwindigkeit dorthin.

Dieser Schneeballeffekt gilt in vielerlei Hinsicht auch im Kampf gegen die Sünde. Wenn wir uns damit abgefunden haben, in bestimmten Bereichen zu scheitern und Kompromisse einzugehen, ist diese Dynamik nur schwer zu durchbrechen, denn Gesetzlosigkeit führt zu noch mehr Gesetzlosigkeit. Wenn wir jedoch ein Muster des Sieges aufbauen, kann uns der gewonnene Schwung helfen, den Sieg aufrechtzuerhalten, denn Gerechtigkeit führt zu mehr Gerechtigkeit. Sobald wir in der Gerechtigkeit wachsen, wächst auch die Gefahr, selbstsicher zu werden und damit zu prahlen, wie gut wir dastehen - und dann sind wir reif für einen Sturz. Dennoch ist es wichtig, sich daran zu erinnern, dass die Gewohnheiten und Lebensmuster, die wir heute etablieren und verstärken, unser zukünftiges Verhalten beeinflussen werden. Paulus schließt das Kapitel sehr dramatisch ab:

> „Doch nun seid ihr aus der Macht der Sünde befreit und seid Diener Gottes geworden. Jetzt tut ihr das, was zu eurer Heiligung führt und euch das ewige Leben bringt. Denn der Lohn der Sünde ist der Tod; das unverdiente Geschenk Gottes dagegen ist das ewige Leben durch Christus Jesus, unseren Herrn." (Römer 6,22-23)

Das scheint zu schön, um wahr zu sein. Wir sind von der Sünde befreit! Paulus erklärt ausdrücklich in der Vergangenheitsform, dass wir von dieser schrecklichen Sklaverei befreit worden sind. Das bedeutet, dass wir niemals wieder als Sklaven der Sünde leben müssen! Kann das wahr sein? Es scheint unmöglich zu sein, der Sünde zu entkommen. Ich spüre jeden Tag den Kampf in mir. Ich kenne Menschen, deren Stolz zu dem Trugschluss führt, sie hätten ein bestimmtes Maß an sündloser Vollkommenheit erreicht. Ich weiß aber, dass ich der *nächsten* Versuchung widerstehen kann, wenn ich mich auf Gott verlasse. Der Apostel Johannes warnte die Christen: „Wenn wir sagen, wir seien ohne Schuld, betrügen wir uns selbst und die Wahrheit ist nicht in uns".(1.Johannes 1,8) Im richtigen Leben ist es unmöglich, nie wieder zu sündigen, denn wir lesen in der Bibel, dass echte Vollkommenheit erst dann erreicht werden kann, wenn das Fleisch vollständig durch die Auferstehung verwandelt ist (1. Johannes 3,2). Aber ich weiß, dass die nächste Versuchung überwunden werden kann, wenn ich mein Vertrauen auf Jesus Christus setze und in seiner Gnade lebe. Genau darauf sollte ich mich konzentrieren.

Ich weiß auch, dass wenn ich sündige, dann nicht, weil Gott ein Konzept aufgestellt hat, in dem ich sündigen *muss*. Vielmehr liegt es daran, dass *ich* es versäumt habe, mich auf Jesus zu verlassen und meine Körperteile in seinen Dienst zu stellen.

Schließlich sehen wir, dass der Lohn der Sünde der Tod ist, wenn sie unser Herr ist. Viele Sünder dienen ihr eifrig, um ihren Lohn zu erhalten. Aber wenn Gott unser Herr ist, dienen wir ihm ohne Lohn. Denke daran, dass alles, was aus Gnade gegeben wird, kostenlos ist und niemals ein Lohn für unsere Werke. Wir haben das Geschenk des ewigen Lebens in Jesus Christus nicht verdient, wer aber nicht zu Christus gehört, dessen Lohn ist tatsächlich der *verdiente* Tod. Das Geschenk des ewigen Lebens (unverdient, aber kostenlos) ist denen verheißen, die sich dafür entscheiden, Gott in Jesus Christus zu dienen. Wenn wir uns für einen neuen Herrn entscheiden, ändert sich auch die Berechnungsgrundlage unseres Lohns. Satan hat eine Vielzahl von Angestellten. Gott hat nur engagierte, willige Diener.

Gibt es Ausnahmen?

Paulus schreibt uns von der dramatischen Veränderung, die mit dem Glauben an Jesus in unser Leben kommt. Er spricht davon, wie Gott mit dieser Veränderung dafür sorgt, dass wir gefahrlos in der Gnade stehen, da er unseren Umgang mit der Gnade sichergemacht hat, und wie Gott dann unseren Dienstherrn austauscht, damit wir den Weg in die Freiheit gehen können, weg von der Sünde, an die wir uns so sehr gewöhnt haben.

Aber was ist mit einem Christen, bei dem nichts darauf schließen lässt, dass sein altes Leben tot ist und er ein neues Leben in Christus hat? Oder mit dem Gläubigen, der lieber weiter der Sünde dient und nicht Jesus? Sind es nicht gerade diese Menschen, die Gottes unverdiente Gunst missbrauchen - ausgerechnet die, von denen wir befürchten, dass sie sein Konzept der Gnade in Verruf bringen? Wir müssen diese Fragen angesichts der biblischen Aussagen sachlich betrachten und uns fragen: „Können solche Menschen wirklich Christen sein?" Vielleicht ist das ein Beweis für eine vorgetäuschte Bekehrung. Menschen, die die Gnade missbrauchen, haben Gottes rettende Gnade niemals wirklich erfahren. Redpath erklärt:

> „Ein Leben, das nicht heilig ist, ist lediglich der Beweis eines unveränderten Herzens und ein unverändertes Herz ist der Beweis einer Seele, die nicht gerettet wurde. Welchen Wert hat eine Gnade, die uns überhaupt nicht verändert? Keinen. Sie ist wertlos."[64]

Nicht jeder, der in den Gottesdienst geht oder sich als Christ bezeichnet, hat die verändernde Gnade Gottes wirklich erlebt. Jesus sagte uns, dass selbst in der Gemeinschaft des Reiches Gottes, von außen betrachtet, sowohl *Weizen* als auch *Unkraut* zu finden sind (Matthäus 13,24-30 und 13,36-43). Er sagt, dass das Netz des Reiches Gottes gute und schlechte Fische fangen würde (Matthäus 13,47-50). Beide Gleichnisse verdeutlichen die Tatsache, dass – zumindest äußerlich – nicht alle, die von sich behaupten, zur Gemeinschaft der Gnade zu gehören, diese Gnade auch wirklich empfangen haben. Es ist Gottes Aufgabe, den Weizen vom Unkraut und die guten Fische von den schlechten zu trennen. Daher sollte es uns nicht überraschen, dass Menschen behaupten, die Gnade Gottes empfangen zu haben und ihr Leben dennoch keine Anzeichen von Gnade oder von Werken der Gnade enthält.

Es ist immer gefährlich, das ewige Schicksal eines anderen Menschen von unserer irdischen Perspektive aus zu beurteilen, aber trotzdem können wir sagen, dass jeder, der die Gnade Gottes erfahren hat, durch diese Gnade bestimmte Veränderungen haben wird. Diese Veränderungen sind vielleicht nicht besonders spektakulär oder sofort ersichtlich, aber sie werden spürbar sein. Die größte Gefahr besteht vielleicht in der Tendenz, den Menschen eine Erlösung zuzusichern, die sie nicht wirklich erfahren haben.

Der Beweis für empfangene Gnade ist ein verändertes Herz und dieses veränderte Herz sorgt dafür, dass wir fest in der Gnade Gottes stehen. Der Prozess der Bekehrung verändert den Lebensraum unseres Herzens von der Sünde zur Gerechtigkeit. Wir bekommen einen neuen Dienstherrn, sodass ein Weg zum Sieg selbst über gelegentliche Sünden vorhanden ist. Über die Jahrhunderte hinweg haben Christen diesen wesentlichen Aspekt der christlichen Lehre verstanden. In den ursprünglichen 42 Statuten der Kirche von England drückt die zehnte diese Wahrheit mit einer Schönheit aus, die nur das Englisch des 16. Jahrhunderts so in Worte fassen kann:

> *„Über die Gnade.* Die Gnade Christi oder der Heilige Geist, der von ihm gegeben wird, nimmt das steinerne Herz fort und schenkt ein Herz aus Fleisch."[65]

Wer die Gnade empfangen hat, bleibt nicht unverändert. Wenn da ein „steinernes Herz" ist, das die Sünde liebt und keine Anzeichen eines neuen Lebens zeigt, dann muss es in dieser Person erst noch zu einer echten Bekehrung kommen. Wie Charles Spurgeon in einer Predigt sagte:

> „Wo immer es Vergebung der Sünde gibt, kommt damit auch eine Abkehr von der Sünde, ein Aufgeben der Sünde, ein neuer Blick auf die Sünde, eine andere Einschätzung der Sünde; und das Herz, das einst sein eigenes Vergnügen suchte, sucht nun Gottes Wohlgefallen .... Die Vergebung der Sünde geht mit einer Veränderung des Herzens einher; und wo diese Veränderung des Herzens stattfindet, entsteht in der erneuerten Seele ein tiefes Gefühl der Dankbarkeit vor Gott."[66]

Wir dürfen nie vergessen, dass die Gnade mehr bewirkt, als den Weg zum Leben als Christ zu ebnen. Sie verhilft uns auch zu Reife und Gehorsam. Gnade rettet uns, doch durch sie lernen wir auch, wie wir leben sollen. Paulus schrieb an Timotheus:

> „Denn die Gnade Gottes, die allen Menschen Rettung bringt, ist sichtbar geworden. Sie bringt uns dazu, dem Leben ohne Gott und allen sündigen Leidenschaften den Rücken zu kehren. Jetzt, in dieser Welt, sollen wir besonnen, gerecht und voller Hingabe an Gott leben. Denn wir warten auf das wunderbare Ereignis, wenn die Herrlichkeit des großen Gottes und unseres Erlösers, Jesus Christus, erscheinen wird." (Titus 2,11-13)

Wer die Rettung, die uns die Gnade bringt, annimmt, wird auch bereit sein, die Lektionen der Gnade anzunehmen. Die Lektionen, die wir aus der Gnade für ein rechtschaffenes Leben lernen, halten ein Leben lang an, und das Erkennungsmerkmal eines Gläubigen ist die Bereitschaft, diese Lektionen zu lernen. Wenn sich jemand weigert, diese Lektionen anzunehmen, kann diese Person dann wirklich zu Jesus gehören? Hat eine solche Person wirklich das Heil empfangen, das die Gnade bringt? Das kann nicht sein.

Die Gnade herrscht

Paulus hat in Römer 5 und 6 viele bemerkenswerte Aussagen gemacht. Wir haben gelesen, dass unsere Sünde nicht größer sein kann als die Gnade Gottes. Wir haben gelernt, dass ein Leben, das von der Gnade beherrscht wird, von Gerechtigkeit gekennzeichnet ist und keine Lizenz zum Sündigen darstellt. Und wir haben verstanden, dass Gott den Gläubigen in zweierlei Hinsicht verändert und so dafür sorgt, dass er sicher mit der Gnade umgehen kann: Erstens sterben alle, die an Christus glauben, geistlich mit ihm und werden dann mit ihm zu neuem Leben auferweckt. Zweitens holt er uns aus unserer Sklaverei der Sünde heraus und schenkt uns den Wunsch, Sklaven der Gerechtigkeit zu werden.

Mein Lieblingscharakter in John Bunyans Klassiker *„Pilgerreise"* ist Herr Redlich. Er war einer der Reisenden und er hatte viele Pilger kennengelernt. Einige von ihnen begannen mutig und stark, drehten aber irgendwann um. Andere stolperten am Anfang, brachten den Weg aber später gut zu Ende. Einige begannen voller Glauben, endeten aber im Zweifel. Und wieder andere wurden auf ihrem Pilgerweg immer sicherer. Herr Redlich wusste viel über diese Pilgerreise, die wir Christentum nennen und er fasste all sein Wissen in seinen letzten Worten zusammen:

> „Da berief Redlich seine Freunde zu sich und sprach zu ihnen: „Ich sterbe; ich werde aber kein Testament machen. Was meine Redlichkeit betrifft, so soll sie mit mir gehen; wer nach mir kommt, möge sich dies gesagt sein lassen." Am Tag seines Ablebens trat der Fluß an manchen Stellen über die Ufer. Redlich hatte aber noch

zu seinen Lebzeiten mit einem Mann namens Gutgewissen verabredet, ihn dort zu treffen, was dieser auch tat. Er reichte ihm die Hand und half ihm hinüber. Die letzten Worte von Herrn Redlich waren: „Die Gnade regiert!" So verließ er die Welt."[67]

Die Gnade regiert! Beschreiben diese Worte dein Leben als Christ? Entweder wird die Gnade in uns herrschen oder die Sünde - was wird es sein? Die Gnade bewirkt das, was das Gesetz niemals erreichen konnte. Wir können jetzt verstehen, dass die Gnade Gottes Mittel ist, um uns von der Sünde zu reinigen und uns auf den Pfad der Rechtschaffenheit zu führen. Statt eines Freibriefs zur Sünde bietet die Gnade einen Weg zum Sieg - sowohl über die gewohnheitsmäßige als auch über die gelegentliche Sünde. Genau das hat Charles Wesley in der vierten Strophe seines bekannten Liedes „Jesus, Heiland meiner Seele" beschrieben:

Gnad um Gnade, volle Sühnung

Sind in dir, o Jesu, mein;

Lass die Heilung mich beströmen,

Mach mich ganz von Sünde rein.[68]

Kapitel Acht

Meine Gnade ist alles, was du brauchst

"Obwohl ich wunderbare Offenbarungen von Gott empfangen habe. Doch damit ich nicht überheblich werde, wurde mir ein Dorn ins Fleisch gegeben, ein Bote des Satans, der mich quält und mich daran hindert, überheblich zu werden.
Dreimal habe ich zum Herrn gebetet, dass er mich davon befreie. Jedes Mal sagte er: »Meine Gnade ist alles, was du brauchst. Meine Kraft zeigt sich in deiner Schwäche.« Und nun bin ich zufrieden mit meiner Schwäche, damit die Kraft von Christus durch mich wirken kann. Da ich weiß, dass es für Christus geschieht, bin ich mit meinen Schwächen, Entbehrungen, Schwierigkeiten, Verfolgungen und Beschimpfungen versöhnt. Denn wenn ich schwach bin, bin ich stark."
(2. Korinther 12,7-10)

Die meisten Menschen reagieren skeptisch, wenn ihnen jemand von persönlichen Unterhaltungen mit Gott erzählt. Wenn du in geselliger Runde mal für Aufsehen sorgen willst, sag einfach: „Gott hat mir gesagt; dass ..." Oft ist diese Skepsis gerechtfertigt, denn das, was andere Menschen angeblich von Gott gehört haben, klingt oft zweifelhaft im Vergleich zu den gesicherten Offenbarungen Gottes. Warum geht es z.B. fast immer um das Generieren von Spenden, wenn Leiter in größeren Gemeinden behaupten, Gott habe zu ihnen gesprochen? Vor einigen Jahren erzählte ein bekannter Evangelist von einer siebenstündigen Unterhaltung mit Gott, in der es hauptsächlich darum ging, Spendengelder für seinen Dienst zu beschaffen. Interessanterweise wusste Gott ganz genau, wie man im Jahr 2021 eine solche Kampagne effektiv aufzieht und durchführt. Der Evangelist verfasste Briefe, in denen er seinen Anhängern von dieser Unterhaltung erzählte, damit sie erfuhren, dass dieser Spendenaufruf vom Herrn persönlich angeordnet worden war. Kein Wunder, dass viele Menschen erst einmal zögern, wenn jemand von seinen besonderen Gesprächen mit Gott erzählt.

In allen Briefen des Neuen Testaments gibt es nur eine Stelle, wo der Verfasser davon berichtet, dass Gott ihm bestimmte Dinge gesagt habe, nämlich genau hier - im 2. Korinther 12,9. Gerade weil diese Stelle so einzigartig ist, verdient Paulus' Aussage unsere besondere Aufmerksamkeit. Natürlich ist dieser Abschnitt nicht inspirierter alsbald der Rest der Bibel, aber weil er anders ist, hat er es verdient, genauer unter die Lupe genommen zu werden.

Am besten fangen wir damit an, den Hintergrund dieser Stelle in Paulus' Brief zu verstehen. Paulus litt an einem körperlichen Gebrechen, einem „Dorn im Fleisch". Es handelte sich dabei um eine Sache, die ihn sehr störte, weil das Wort, das er für „Dorn" gebrauchte, eigentlich so etwas wie einen Zeltpflock beschreibt. Sein Dorn glich eher einem Bolzen, mit dem man die Eisenbahnschienen befestigt, als einer Reißzwecke. Wir wissen nicht genau, was Paulus solche Schmerzen und Beschwerden bereitete und wenn man zehn verschiedene Kommentare zurate ziehen würde, bekäme man vermutlich zehn verschiedene Meinungen. Manche sagen, dass es seine Augen waren, andere tippen auf die eine oder andere Krankheit, die ihn sehr schwächte, wieder andere sagen, dass es eine bestimmte Person war, die das Leben von Paulus so nachhaltig belastete. Wer oder was es genau war, ist eigentlich nicht so wichtig. Wichtig ist, dass Gott diese Sache in Paulus' Leben beließ und dass Gott einen Grund dafür hatte, es nicht wegzunehmen. Statt sich darauf zu konzentrieren, um was genau es sich dabei handelte, sollten wir uns fragen: „Warum hat Gott es zugelassen, dass dieser Dorn, der Paulus so große Probleme bereitete, in seinem Leben blieb?"

Die Antwort ist einfach, doch sie hat weitreichende und erhebliche Auswirkungen auf unser Leben. Gott hat zugelassen, dass dieses schmerzhafte Problem im Leben von Paulus verblieb, um ihm etwas über Gnade und Genügsamkeit beizubringen. Wir können all das, was Gott Paulus beigebracht hat, in einem Satz zusammenfassen: Gottes Gnade ist alles, was wir brauchen und wir selbst können nichts ohne diese Gnade tun.

Unsere eigene Unzulänglichkeit

Die US-amerikanische Kultur hat viele Eigenheiten und eine der auffälligsten ist unser seit langem bestehender Kult der Eigenständigkeit. Im Allgemeinen wird den Amerikanern eine leidenschaftliche Unabhängigkeit beigebracht, die voraussetzt, dass wir selten einen Bedarf oder Mangel zugeben, den wir nicht selbst beheben können. Wir haben den Selfmademan, also den Menschen, der alles aus eigener Kraft erreicht, über die Position des Volkshelden hinaus zu einem nationalen Gott erhoben. Unser Motto lautet, dass wir es schaffen können und dass wir dafür nur uns selbst brauchen.

Wenn es darum geht, Männer und Frauen zu Jesus zu bringen, ist diese Art von Eigenständigkeit in der heutigen Zeit ein großes Hindernis. In der weltlichen Perspektive ist der christliche Glaube nur eine Krücke für Menschen, die nicht alleine klarkommen. Klar, für die Schwächlinge, Warmduscher, Weichlinge und Spinner dieser Welt ist das in Ordnung, aber ein normaler Mensch braucht dieses religiöse Zeug nicht. Unser gesellschaftliches Bekenntnis zum Selfmademan widerspricht oft der Wahrheit unserer Schwäche und Unzulänglichkeit. Doch Gottes Wort ist in diesem Punkt sehr deutlich und betont ganz klar, dass ein Mensch, der vor Gott Anerkennung finden will, dies nicht mit den Mitteln schafft, die ihm selbst zur Verfügung stehen.

Es wird uns auf unzählige verschiedene Arten beigebracht, dass wir es alleine schaffen können und dass wir selbstbewusst und optimistisch in die Zukunft schauen sollen, weil wir alles schaffen können. Leider basiert ein Großteil dieser Zuversicht und dieses Optimismus auf fadenscheinigen Argumenten und willentlicher Selbsttäuschung.

Als Marie-Antoinette (die letzte französische Königin vor der Französischen Revolution) als Braut in Paris einzog, durfte sich kein in Lumpen gekleideter oder unterernährter Bettler auf den Straßen zeigen, durch die der Festzug verlief. Zu dieser Zeit war Frankreich voll von unzufriedenen Menschen, die in bitterer Armut lebten. Diese Unzufriedenheit entlud sich später in den Flammen der Französischen Revolution. Marie-Antoinette sollte aber nichts davon erfahren. Daher wurden die Armen und Hungernden der Stadt in die Seitenstraßen gedrängt. Alles nur, damit Marie-Antoinette annehmen konnte, es gehe allen Einwohnern von Paris gut und niemand sei arm. Erst mit dem Beginn der blutigen und gewalttätigen Revolution, erfuhr sie, wie schlimm die Dinge wirklich standen. Aber da war es zu spät.[69]

Genauso optimistisch und zuversichtlich können wir auch durchs Leben gehen und dabei die Augen bewusst vor den Tatsachen verschließen. Das kann gefährliche Selbsttäuschung sein - ein trauriges Phantasiespiel, auf das wir uns bereitwillig einlassen. Wir *wollen* oft über unseren wahren Zustand hinweggetäuscht werden, denn wenn wir die Wahrheit wüssten, würde unser Lügengerüst einstürzen. Wann immer wir nicht wahrhaben wollen, dass wir Gott brauchen, ist ein satanischer Blender zur Stelle, der uns mit geschmeidigen Worten einredet, was wir gerne hören möchten. Viele Menschen geben sich mit einer Fassade des Glücks und oberflächlichen Antworten auf ihre tiefen geistlichen Bedürfnisse zufrieden, anstatt die Wahrheit zu erkennen. Die Augen vor unseren Schwächen und Unvollkommenheiten zu verschließen, ist ein oberflächlicher und tragischer Aspekt unseres Charakters, der dazu führen kann, dass wir nicht erkennen, wie sehr wir einen Erlöser brauchen.

Jesus hat darüber in Markus 2,17 geredet: „Die Gesunden brauchen keinen Arzt - wohl aber die Kranken. Ich bin gekommen, um Sünder zu rufen, nicht Menschen, die sich schon für gut genug halten." Solang wir denken, dass wir doch gut dran sind und dass nur Verlierer Christus brauchen, stößt der Ruf Jesu auf taube Ohren. Erst wenn wir uns unserer eigenen Unvollkommenheit und Hilflosigkeit bewusst geworden sind, werden wir Gottes Gnade empfangen, die wirklich alles ist, was wir brauchen.

Es ist auch wichtig zu wissen, dass nur der Heilige Geist uns zeigen kann, wie begrenzt wir eigentlich sind. Wir können niemanden von seiner geistlichen Not überzeugen, wenn nicht der Heilige Geist in ihm wirkt. Er ist verantwortlich dafür, die Menschen zu überführen und ihnen die Wahrheit über ihre Not zu zeigen. Gott kann andere mit einbeziehen, aber nur der Heilige Geist kann die innere Erkenntnis bewirken. Viele Menschen haben sich nur halbherzig auf Jesus eingelassen, weil sie nicht vom Heiligen Geist davon überzeugt worden sind, dass sie Jesus brauchen. Wenn wir Jesus nur als gute Sache betrachten, die unser Leben bereichert, werden wir nie die Beziehung haben, die er sich für uns vorgestellt hat.

Gottes Antwort auf unseren Mangel

Sobald wir erkannt haben, wie unvollkommen wir sind, sind wir offen, darüber nachzudenken, wie Gott unserer Not begegnen will. Gott hat es so bestimmt, dass wir einzig und allein seine Gnade brauchen. Wenn wir uns unserer geistlichen Armut bewusst werden, ruft Gott uns in die Abhängigkeit von seiner Gnade.

Was hätte wohl ein Berater ohne biblischen Hintergrund Paulus geraten? Stell dir vor, Paulus hätte dem Berater von seiner großen Schwäche erzählt, von seinem lästigen Dorn im Fleisch und davon, wie schwach und kraftlos er sich fühlte, so weiterzumachen. Man könnte sich vorstellen, dass der Berater sagt: „Paulus, was du brauchst, ist eine positive Grundeinstellung, um diesem Problem zu begegnen." Oder: „Also Paulus, alles, was du zur Überwindung dieser Schwäche brauchst, steckt doch schon in dir. Schaue tief in dein Inneres, dort findest du die Quellen deines Erfolgs." Vielleicht würde der Berater auch sagen: „Was du wirklich brauchst, ist eine Selbsthilfegruppe mit Menschen, die sich für dich interessieren." Oder er würde Paulus mit folgenden Worten herausfordern: „Paulus, wenn dein Glauben nur stark genug wäre, könntest du von diesem Dorn im Fleisch befreit werden." Einige dieser Ratschläge wären unter anderen Umständen vielleicht sogar recht hilfreich. Doch Gott hatte für Paulus in dieser Situation einen besonderen Ratschlag - im Gegensatz zu den meisten menschlichen Antworten.

Was *hat* Gott zu Paulus gesagt? Er sagte: „Meine Gnade (unverdiente Gunst) ist alles, was du brauchst".(2. Kor. 12,9) Mit anderen Worten: Meine Gnade reicht aus, um deiner Not zu begegnen, deshalb schaue auf mich. Es war nicht Gottes Plan, dass Paulus die Antwort in sich selbst oder durch andere Menschen findet (auch wenn andere ihm dabei vielleicht wirklich behilflich gewesen wären). Es war Gottes Plan, dass die Not von Paulus durch die Berührung mit Gottes Gnade gestillt werden sollte.

Wie kann Gottes Gnade allein unserer Not Abhilfe schaffen? Weil sie uns vor Gott Gunst und Anerkennung schenkt. Gnade bedeutet, dass Gott uns mag - dass er uns wohlgesonnen ist, dass wir seine Anerkennung und Fürsorge genießen. Wir alle wissen, dass wir es weit bringen können, wenn wir in der Gunst einer einflussreichen Person stehen. Es stimmt wirklich, dass es nicht so wichtig ist, was man weiß, sondern wen man kennt. In Gottes Gnade zu stehen bedeutet, dass du ihn kennst und dass er dich kennt und dass er für dich sorgt.

Gottes Gnade kann unserer Not begegnen, weil sie immer für uns da ist. Wenn wir sündigen oder scheitern, verlieren wir nicht Gottes Gnade. Da uns die Gnade in Christus ohne Bedingung geschenkt wird, kann sie nicht zu einem späteren Zeitpunkt, sobald wir stolpern oder fallen, zurückgenommen werden. Wenn wir durch das Blut Jesu im Glauben zu Gott kommen, ist seine Gnade immer bereit, sich um unsere Unvollkommenheiten zu kümmern und uns zu helfen.

Schließlich kann Gottes Gnade unserer Not begegnen, denn Gott hat Paulus gesagt, dass die Gnade die Kraft Gottes ist (2. Timotheus 2,1). Ein Großteil der Macht dieser Welt drückt sich in Dingen aus, die Schaden und Zerstörung bringen, doch Gott liebt es, seine Macht durch seine Güte und Gnade zu zeigen. Manchmal assoziieren wir eine derartige Güte mit Feigheit oder Zaghaftigkeit. Aber wenn wir so denken, stimmen wir mit der weltlichen Perspektive von Macht und Stärke überein und leugnen Gottes Aussage über die Kraft von Gnade und Liebe. Gnade ist nicht schwach oder feige; sie ist die Kraft Gottes, die das erfüllt, woran es uns mangelt.

Wir sehen also, dass Gott, wenn wir uns unserer eigenen Fehlerhaftigkeit bewusst werden, uns mit seiner unverdienten Gunst und Annahme helfen will. Er möchte, dass wir in diesen Zeiten der Schwäche auf ihn schauen und nicht auf uns selbst oder auf das, was Menschen zu bieten haben.

Natürlich ist damit nicht gemeint, dass wir niemals andere um Hilfe bitten sollen. Wäre das der Fall, würden die vielen Ermunterungen in der Bibel, füreinander zu sorgen und die Last des anderen zu tragen, keinen Sinn ergeben. Jesus möchte sich sowohl direkt als auch durch andere um uns kümmern. Wenn uns das Wasser bis zum Hals steht, sollten wir es nie versäumen, auf Gott zu warten, um die Gnade, die unserer Not begegnet, direkt von ihm zu bekommen. Trotzdem sollten wir erwarten, dass Gottes Gnade uns auch durch andere Menschen erreicht. Jesus liebt es, Bedürfnissen und Nöten durch seinen Leib, sprich die Gemeinde, zu begegnen.

Wir suchen nicht in uns selbst nach Antworten, sondern wir dürfen uns an seiner Gunst und Anerkennung erfreuen und in ihr ruhen. Und wir können darauf vertrauen, dass die Gnade Jesu uns stärkt - entweder direkt oder durch andere, die er gebraucht, um uns zu helfen.

Eine lebenslange Erfahrung

In 2. Korinther 12,7-10 wird uns auch gezeigt, dass wir während unseres gesamten christlichen Lebens mit unserer Schwäche konfrontiert sind und uns auf Gottes Gnade verlassen müssen. Wir werden nie über die Abhängigkeit von Gottes Gnade hinauswachsen, sondern wir werden immer wieder feststellen, dass wir ohne das Wirken der Gnade völlig hilflos dastehen. Wir sind zu einem beständigen Vertrauen auf Gottes Gnade berufen.

Das beste Beispiel dafür ist Paulus selbst. Wir sehen, dass Gott eine Schwäche in seinem Leben zugelassen hat, damit er lernen konnte, sich auf die Kraft Gottes zu verlassen. Denk einmal darüber nach: Paulus, der große Missionar und Apostel, der vielleicht bekannteste Christ aller Zeiten, wurde von Gott bewusst in einer Form von Schwäche belassen, damit er nie vergisst, dass er sich auf ihn verlassen muss. Gott wusste, dass Paulus Schwachheit erfahren musste, also gab er ihm eine Gelegenheit, diese Schwäche in Form eines Gebrechens oder eines Dorns im Fleisch wahrzunehmen.

Als Gläubige ist das Empfinden von Schwäche daher eine gute Sache, die uns dazu veranlasst, nicht nur auf uns selbst zu schauen, sondern auch auf die Ressourcen, die wir brauchen, um diesen Weg als Christen zu gehen. Wir alle müssen diese Art von Schwäche erleben, damit wir unsere Kraft allein in Gott suchen. Ich gebe jedoch zu, dass Gott an diesem Punkt in meinem eigenen christlichen Leben nichts Besonderes tun muss, um mir meine eigene Unzulänglichkeit bewusst zu machen, denn Schwäche habe ich wirklich mehr als genug.

Gott hat Paulus nicht deshalb dieser Schwäche ausgesetzt, um ihn zu bestrafen oder in Schach zu halten oder um ihn zu schwächen, damit er schwach bleibt. An solchen Dingen hat Gott keine Freude. Gott wusste jedoch, dass Paulus nur dann kontinuierlich die Kraft Gottes erfahren würde, wenn er auch die menschliche Schwäche kontinuierlich erlebte. Gott wollte Paulus nicht bezwingen; vielmehr machte er ihm den Sieg durch die Gnade zugänglicher, indem er ihm seine Schwäche vor Augen führte.

Aus diesem Grund konnte Paulus sich seiner Schwachheiten rühmen und sich über seine Schwierigkeiten freuen. Er hatte keine krankhafte Freude daran, wenn alles um ihn herum zusammenbrach. Er rühmte sich nur deshalb seiner Schwächen, weil er durch sie die Kraft und den Sieg von Gottes Gnade erfahren konnte; etwas, das Paulus sehr schätzte. Daher rühmte sich Paulus mit allem, was Gott in seinem Leben für diesen Sieg gebrauchte.

Es lohnt sich, genauer zu betrachten, was für ein Mensch Paulus war. War er ein schwacher oder ein starker Mensch? Paulus, der trotz stärkster Verfolgung quer durch die damals bekannte Welt reiste und das Evangelium verkündete, der Schiffbrüche und Einkerkerung erduldete, der vor Königen und Sklaven predigte, der starke Gemeinden gründete und Gemeindeleiter ausbildete, war kein schwacher Mensch. Angesichts seines Lebens und seiner Errungenschaften können wir sagen, dass Paulus ein sehr starker Mensch war. Jedoch war er nur deshalb stark, weil er seine

Schwächen kannte und die Kraft nicht bei sich selbst, sondern in der Gnade Gottes suchte. Wenn wir auch ein Leben in dieser Stärke führen wollen, müssen wir uns auch unsere Schwächen eingestehen. Wir müssen allein auf Gott schauen, der uns die Gunst, die Anerkennung und das Werk der Gnade schenkt, die uns für jede Aufgabe stärken. Es war der mit Gnade erfüllte Paulus, der sagen konnte: „Denn alles ist mir möglich durch Christus, der mir die Kraft gibt, die ich brauche". (Philipper 4,13)

Wie lässt sich das praktisch umsetzen?
Zuerst wird diese Erkenntnis unsere Art für Menschen zu beten verändern, die Gottes Geschenk der Gnade zur Errettung noch nicht angenommen haben. In 2. Korinther 4,4 schreibt Paulus über die, die verlorengehen: „Der Satan, der Gott dieser Welt, hat die Gedanken der Ungläubigen so verblendet, dass sie das herrliche Licht der Botschaft nicht wahrnehmen können. Damit bleibt ihnen unsere Botschaft über die Herrlichkeit von Christus, der das Ebenbild Gottes ist, unverständlich." Dieses Täuschungswerk Satans hat viele verschiedene Aspekte, aber einer der größten ist sicherlich, Männer und Frauen einzureden, dass sie Jesus nicht brauchen. Wir müssen gegen diese Art der Täuschung kämpfen, indem wir intensiv dafür beten, dass die Verlorenen ihre eigene Schwäche und Unvollkommenheit erkennen und begreifen, wie dringend sie einen Retter brauchen.

Wir wissen also, dass die beste Art, für Menschen zu beten, die Jesus nicht kennen, folgende ist: „Gott, lass sie erkennen, wie schwach sie ohne dich sind und wie sehr sie dich bauchen." Vielleicht findest du es grausam zu beten, dass eine andere Person ihre Schwachheit erkennen möge, aber sie wird erst dann auf die Rettung durch Jesus vertrauen, wenn sie genau das erkannt hat. Sobald wir verstehen, dass es oft das Gefühl von Eigenständigkeit ist, das Menschen von Christus fernhält, wird sich das auf die Art und Weise auswirken, wie wir für sie beten.

Zweitens wird sich unsere Vorstellung von Erfolg und Wachstum im christlichen Leben verändern, nicht etwa im Sinne von Unabhängigkeit, sondern im Sinne einer größeren Abhängigkeit. Die meisten von uns sehnen sich nach dem Tag, an dem unser

Leben als Christ einfacher wird. Wir hoffen auf eine Zeit, in der unsere großen Kämpfe mit der Sünde hinter uns liegen und wir ohne großen Kampf zu größeren und besseren Dingen übergehen können. Doch das ist eine Illusion. Wenn der Apostel Paulus selbst ständig Schwäche erlebte, wer sind wir dann, dass wir glauben, wir könnten es besser machen als er? Diese Bibelstelle zeigt uns, dass Gott im Bedarfsfall etwas Bestimmtes in unser Leben bringen wird, um uns an unsere Schwäche und starke Abhängigkeit von ihm zu erinnern.

Schließlich sind wir vor der Gefahr des Hochmuts gewarnt, denn er ist der große Feind der Gnade, der uns davon abhält, unsere Schwäche einzusehen. Wer vor lauter Stolz seine eigenen Schwächen und die absolute Notwendigkeit, allein auf Jesus zu vertrauen, nicht mehr sieht, der ist wirklich blind und arrogant. Es ist so, als würden wir zu Gott sagen: „Die meisten Menschen haben vielleicht nicht das Zeug dazu, aber ich schon. Ich brauche deine Gnade nicht, um stark und erfolgreich zu sein." Menschen mit dieser Einstellung (auch wenn sie es niemals laut aussprechen) haben sich selbst verurteilt, weil sie Gottes Hilfe für ihre Not offen ablehnen.

Paulus hätte es nicht deutlicher ausdrücken können: Gottes Gnade ist alles, was nötig ist, um der Menschheit in ihrer Not zu begegnen; wir können uns nicht aus eigener Kraft helfen.

Kapitel Neun

Wenn Gottes Gnade am Werk ist

Denn ich bin der geringste der Apostel und eigentlich nicht wert, Apostel genannt zu werden, weil ich die Gemeinde Gottes verfolgt habe. Doch was immer ich jetzt bin, das bin ich durch die Gnade Gottes - und seine Gnade blieb in mir nicht ohne Wirkung. Denn ich habe härter gearbeitet als alle anderen Apostel, doch nicht ich habe gearbeitet, sondern Gott, der durch seine Gnade durch mich wirkte.
(1. Korinther 15,9-10)

Einige der wichtigsten Äußerungen des Apostels Paulus entstanden eher nebenbei, wenn er über ein anderes Thema sprach. Dieser Abschnitt aus 1. Korinther 15 ist ein perfektes Beispiel dafür. Paulus ging es in diesem Kapitel nicht in erster Linie um das Thema Gnade, sondern er wollte die grundlegende christliche Lehre von der Auferstehung der Toten verteidigen.

Er verwies auf die eindeutige Tatsache, dass mit der Auferstehung Jesu ein Beleg für die Auferstehung der Toten vorliegt. Jemand könnte jedoch einwenden und fragen: „Woher wissen wir denn, dass Jesus von den Toten auferstanden ist?" Dafür Paulus hatte eine Antwort parat. Zuallererst wissen wir, dass Jesus von den Toten auferstanden ist, weil die Aussagen der Apostel glaubwürdig sind, die es mit eigenen Augen gesehen haben. Petrus, Jakobus,

Johannes und alle anderen Apostel hatten den auferstandenen Jesus gesehen und setzten ihr Leben für diese Aussage auf Spiel.

Neben den Aposteln bestätigte auch Paulus die Auferstehung Jesu mit seinem eigenen Zeugnis. Er bezeichnete sich auch als Apostel und Zeuge des auferstandenen Christus. Aber wie konnte er so eine hohe Position für sich in beanspruchen? Schließlich gehörte er nicht zu denen, die Jesus in den Jahren seines Dienstes gefolgt waren. Jesus hatte Paulus nicht am Ufer des Sees Genezareth zugerufen: „Folge mir nach!". Paulus war keiner der siebzig Jünger, die das Evangelium in den Städten Galiläas verkünden sollten. Er hatte weder die Bergpredigt noch die Worte, die Jesus zu den Zwölfen gesprochen hatte, mit eigenen Ohren gehört. Was brachte Paulus dazu, den besonderen Titel „Apostel" für sich beanspruchen?

Ein Grund, den Paulus hier nennt, ist die Tatsache, dass auch er den auferstandenen Jesus gesehen hat. In Apostelgeschichte 9 wird seine persönliche Begegnung mit ihm beschrieben, aber dieses Ereignis fand lange, nachdem die anderen Apostel ihren auferstandenen Herrn gesehen hatten, statt. Deswegen schrieb er auch, dass er „zur falschen Zeit geboren worden" sei (1. Korinther 15,8). Doch der Anblick des auferstandenen Jesus allein reichte nicht aus, um Apostel zu werden. Andernfalls hätte es zur Zeit von Paulus mehr als 500 Apostel gegeben, da in 1. Korinther 15,6 geschrieben steht, dass mehr als 500 Brüder den auferstandenen Herrn gesehen hatten. Was sonst hätte Paulus sagen können, um seine Stellung als Apostel zu rechtfertigen? Mit welchem Recht nahm er eine derart wichtige Position ein? Paulus erklärte, dass seine Verwandlung vom grausamen Verfolger zum geachteten Apostel nur auf eines zurückzuführen war: auf die Gnade Gottes.

Von der Gnade verändert

Mit diesem einfachen Satz in 1. Korinther 15,9-10 gibt uns Paulus Aufschluss über eine der bemerkenswertesten Auswirkungen von Gottes Gnade auf das Leben der Menschen. Die Gnade verändert Menschen, und zwar auf unerwartete und dramatische Weise.

Wenn wir aufrichtig an Jesus glauben und der Heilige Geist uns verwandelt, wird sich immer auch unser Leben verändern. Daran gibt es keinen Zweifel: „Das bedeutet aber, wer mit Christus lebt, wird ein neuer Mensch. Er ist nicht mehr derselbe, denn sein altes Leben ist vorbei. Ein neues Leben hat begonnen". (2. Korinther 5,17) Es wird also immer zu Veränderungen kommen, auch wenn sie von Person zu Person unterschiedlich aussehen. Wenn jemand behauptet, wiedergeboren zu sein, aber die Anzeichen einer Veränderung seiner grundlegenden Überzeugungen, seiner Lebensperspektive oder seiner Einstellung zu Gott und zur Sünde fehlen, dann stimmt da etwas nicht. Niemand kann Gnade empfangen haben, ohne dass es in seinem oder ihrem Leben zu erkennbaren Veränderungen gekommen ist. Gott und seine Gnade gehören nicht einfach zum Leben der Gläubigen dazu, sondern Gott wird zu ihrem Mittelpunkt und Lebenszweck. In jedem, der aufrichtig glaubt, beginnt Gott ein persönliches Werk der Veränderung, das keinen Aspekt des Lebens auslässt.

Wir erhalten die Gnade nicht nur dafür, dass durch sie die Veränderung in unserem Leben angestoßen wird, sondern sie verändert uns kontinuierlich. Gott möchte, dass seine verändernde Kraft der Gnade dauerhaft im Leben des Christen wirksam ist. Weil Paulus erkannt hatte, dass Gott noch nicht damit fertig war, ihn zu verändern, konnte er sich eingestehen: „Ich will nicht behaupten, ich hätte dies alles schon erreicht oder wäre schon vollkommen! Aber ich arbeite auf den Tag hin, an dem ich das alles mein Eigen nenne, weil auch Christus mich ja schon sein Eigen nennt." (Philipper 3,12)

Wir sollten einen Moment lang innehalten und darüber nachdenken, wer diesen Brief geschrieben hat und wie sehr die Kraft der Gnade sein Leben verändert hat. Bevor Gott Paulus auf der Straße nach Damaskus begegnete, war Paulus ein religiöser Eiferer, aber eigentlich hasste er Gott und die christliche Gemeinde. Er dachte, er hätte Gottes Erwartungen erfüllt, doch nach dem Maßstab Gottes war er kein bisschen gottgefällig. In seiner selbstgerechten Arroganz wandte er sich gegen die ersten Christen und verfolgte sie mit mehr Leidenschaft als jeder andere.

Er war überzeugt davon, Gott auf seiner Seite zu haben und dass Gott seine Bemühungen, die Nachfolger Jesu auszurotten, segnete.

Allerdings täuschte Paulus sich sehr, denn mit der Verfolgung der Gemeinde Gottes verfolgte er Jesus selbst. Denke an die Worte, die Jesus auf der Straße nach Damaskus zu Paulus sprach: „Saul! Saul! Warum verfolgst du mich?" (Apostelgeschichte 9,4). Durch seinen Hass auf die Christen offenbarte Paulus auch seinen Hass auf Jesus. Dieser Hass auf Jesus zeigte, dass Paulus eigentlich den Gott Israels hasste, weil Jesus das perfekte Abbild von Gott, dem Vater ist, dem Gott, dem Paulus eigentlich durch seinen Angriff auf die Gemeinde dienen wollte. Paulus war so geblendet, dass er davon überzeugt war, Gott viel Freude zu bereiten, obwohl sein Leben genau genommen einen intensiven Hass auf den Vater, den Sohn und den Heiligen Geist und auf die christliche Gemeinde offenbarte.

Wenn wir uns anschauen, wie das Leben von Paulus vor und nach Damaskus aussah, können wir über die Veränderungen, die es nach seiner Begegnung mit Jesus gab, nur staunen. Ihm waren die Augen geöffnet worden – und das gilt sowohl im übertragenen Sinne als auch wörtlich - denn das strahlend helle Licht, in dem er Christus auf der Straße nach Damaskus gesehen hatte, hatte ihn blind gemacht, bis ein gläubiger Mann namens Ananias dafür betete, dass Gott ihn heilen möge. Er, der einst blind gewesen war, erkannte, dass er in die Irre geleitet worden war und sein früheres Leben Gott überhaupt nicht gefallen hatte. Statt die Gemeinde zu verfolgen, wurde Paulus jetzt voller Demut ein Teil der christlichen Gemeinde und statt das Evangelium Christi zu hassen, wurde er zum unerschrockenen Verkündiger des Evangeliums. Solch eine dramatische Lebensveränderung kann nur durch die Gnade Gottes bewirkt werden. Kein psychologisches oder biologisches Phänomen könnte eine Veränderung dieses Ausmaßes bewirken. Alle Ehre und aller Dank gebühren allein Jesus und seiner Gnade. Paulus erfuhr, was es bedeutet, eine neue Schöpfung zu sein und er wusste aus eigener Erfahrung, welch dramatische Veränderung es nach sich zieht, wenn jemand aufhört, gegen Gott zu kämpfen und sein Vertrauen auf Jesus setzt.

Wir alle tendieren zu der Annahme, dass diese Art von realer, dramatischer Veränderung auf die staubigen Seiten alter Bücher beschränkt ist, aber das stimmt nicht. Die lebensverändernde Kraft der Gnade Gottes steht uns auch heute zur Verfügung und sie wirkt auch in Menschen, die sich massiv gegen Gott auflehnen. Ein Beispiel für die Bekehrung vom „Saulus zum Paulus" ist das Leben eines Mannes namens Sergei Kourdakov, der die Geschichte seiner bemerkenswerten Veränderung in einem Buch mit dem einfachen Titel „Sergei" aufgeschrieben hat.

Als junger Mann führte Sergei in der Sowjetunion mehr als 150 Angriffe seiner Jugendbande gegen Christen an. Wie ein moderner Saulus von Tarsus versuchte er, die Gläubigen in Russland einzuschüchtern, indem er sie gnadenlos verprügelte, manchmal so sehr, dass seine bedauerlichen Opfer starben. Einmal wurde er - in die Nationalflagge als vorbildlicher sowjetischer Jugendlicher gehüllt - im sowjetischen Fernsehen gezeigt. Die atheistische Weltanschauung hatte ihm eine komplette Gehirnwäsche verpasst und er war über die Wahrheit Gottes und des christlichen Glaubens vollkommen geblendet worden.

Eines Tages drang Gott zu Sergei durch und bewies ihm, dass es ihn wirklich gibt. Dies geschah, als Sergei einen Einblick in den Charakter der sowjetischen Gläubigen bekam - insbesondere ihre Art, für ihre Verfolger zu beten. Später trat er in die sowjetische Marine ein und sprang schließlich in einem verzweifelten Versuch, an einen Ort zu fliehen, wo er die Wahrheit über Gott erfahren konnte, in der Nähe von Kanada im eisigen Polarmeer von Bord. Er schwamm mehr als acht Stunden, bis er das Ufer erreichte. Als er sich in Sicherheit befand, fing er sofort an, mehr über den Gott zu erfahren, den er einst gehasst hatte. Sergei fastete zwei Tage lang, verbrachte die ganze Zeit kniend vor dem Altar in einer Kirche und betete zu einem Gott, den er nicht kannte, bis ihm ein Pastor erklärte, wie er das, was er suchte, in Jesus Christus finden konnte. Anschließend predigte Sergei Kourdakov das Evangelium, das er einst zu zerstören versuchte und er liebte und diente dem Erlöser, den er einst bitterlich hasste.[70]

Sergei Kourdakov ist ein weiteres bemerkenswertes Beispiel dafür, dass die Gnade immer noch Leben verändert. Gott hat sein

Werk nicht in den Tagen der Bibel beendet, sondern führt es bis heute für jeden fort, der alles verlässt, um ihm zu folgen. Was ist mit dir? Wurdest du durch die Macht der Gnade Gottes verändert?

Der Umgang mit der Gnade

Wenn wir die erstaunliche Veränderung im Leben von Menschen wie Paulus oder Sergei Kourdakov betrachten, denken wir vielleicht, dass sie sich nur zurückgelehnt haben und sich von der Kraft der Gnade überwältigen ließen. Aber das stimmt nicht, denn wir wissen, dass diese Veränderung eine aktive Beteiligung und den Einsatz dessen erfordert, der verändert werden soll.

Paulus teilte uns mit, dass die Gnade Gottes bei ihm *nicht ohne Wirkung blieb* (1. Korinther 15,10). Er hat auch intensiv im Einklang mit der Gnade Gottes gearbeitet. Die Gnade hat Paulus nicht vom Arbeiten abgehalten, sondern ihn vielmehr dazu ermutigt und ihm die Kraft gegeben, Gott intensiv zu dienen. Die Gnade Gottes brachte in Paulus viel Frucht hervor, auch weil er seinem Wunsch nachkam, an der Seite der Gnade Gottes zu arbeiten.

Wenn er sagte: „Gottes Gnade blieb in mir nicht ohne Wirkung", wirft Paulus damit eine interessante Frage auf: Kann die Gnade Gottes vergeblich gegeben werden? Kann sie gegeben und empfangen werden, ohne dass sie Auswirkungen auf das Leben des Empfängers hat?

Um diese Frage zu beantworten, müssen wir uns daran erinnern, dass keine Werke erforderlich sind, um die Gnade zu empfangen; es braucht nur Glauben. In Römer 5,1-2 steht: „Da wir nun durch den Glauben von Gott für gerecht erklärt worden sind, haben wir Frieden mit Gott durch das, was Jesus, unser Herr, für uns tat." *Durch den Glauben* haben wir Zugang zur Gnade bekommen. Gott schenkt uns seine Gnade, nimmt uns also voller Freude als seine Kinder an, ohne dass er dafür einen gewissen Gegenwert oder Verdienst verlangt. Sie wird nicht mit Blick auf unser vergangenes, gegenwärtiges oder zukünftiges Verhalten gegeben. Allerdings schenkt uns Gott seine lebensverändernde Gnade auch nicht, damit wir uns entspannt zurücklehnen können und es ablehnen, uns durch seine Gnade zu Handlungen anstiften zu lassen. Gott erwartet von uns, dass wir mithilfe seiner Gnade viele konkrete Dinge tun, von denen einige in der Heiligen Schrift klar beschrieben werden.

Gnade zum Gehorsam

Wir lesen z.B. in Römer 1,5, dass die Menschen die Gnade *zum Glaubensgehorsam* (SLT) empfangen haben. Das heißt schlicht und einfach, dass Gott uns seine Gnade unter anderem dafür gibt, ihm zu gehorchen und dass er von denen, die Gnade empfangen haben, Gehorsam erwartet. Aber was ist mit denen, die sagen, dass sie Gottes Gnade zur Rettung empfangen haben, die jedoch nicht daran interessiert sind, ihm darüber hinaus zu gehorchen? Judas beschreibt solche Menschen in seinem kurzen Brief als „Gottlose, welche die Gnade unseres Gottes in Zügellosigkeit verkehren und Gott, den einzigen Herrscher, und unseren Herrn Jesus Christus verleugnen" (Judas 1,4; SLT). Gott sagt, dass diese Menschen sein zukünftiges Gericht erleben werden und dass „sie schon längst zu seinem Gericht aufgeschrieben worden sind". Solche Menschen belegen, dass sie die Gnade Gottes eigentlich gar nicht empfangen haben. Die Gnade wird uns geschenkt, damit wir gehorchen. Chronischer Ungehorsam und Missbrauch der Gnade sind ein Beweis dafür, dass man die Gnade Gottes nie richtig empfangen hat.

Mit Gnade überschüttet um Gutes zu tun

In seinem zweiten Brief an die Gemeinde in Korinth listet Paulus weitere Gründe dafür auf, warum Gott uns seine unverdiente Gunst schenkt. Paulus schreibt im 2. Korinther 9,8 (NGÜ): „Er hat die Macht, euch mit all seiner Gnade zu überschütten, damit ihr in jeder Hinsicht und zu jeder Zeit alles habt, was ihr zum Leben braucht, und damit ihr sogar noch auf die verschiedenste Weise Gutes tun könnt." Gott sorgt dafür, dass uns alles zur Verfügung steht, was wir brauchen, um all das Gute zu tun, für das er uns geschaffen hat. Für alle diese guten Werke brauchen wir Mut, ein offenes Herz, das nötige Geld, geistliche Weisheit oder andere Mittel. Gottes Gnade wirkt in uns, um diese Bedürfnisse zu stillen, damit wir all das Gute tun können. Trotzdem müssen wir mit diesen Mitteln, die uns zur Verfügung stehen, die guten Werke, die wir tun können, weil er uns mit seiner Gnade überschüttet, immer noch *tun*. Die Gnade wird uns gegeben, damit wir gute Werke tun können.

Gnade, um Gott zu dienen

Gott erwartet außerdem, dass wir die Gnade, die wir empfangen haben, dazu nutzen, ihm zu *dienen*. In Hebräer 12,28 schreibt der Verfasser des Briefes: „Lasst uns die Gnade festhalten, durch die wir Gott auf wohlgefällige Weise dienen können mit Scheu und Ehrfurcht." Dank der Gnade können wir Gott auf unterschiedlichste Weise dienen. Durch sie sind wir moralisch in der Lage, Gott so zu dienen, wie es ihm gefällt, denn in Gottes Konzept der Gnade wird das Problem der Sünde des Menschen gelöst. Bevor wir durch das Blut, das Jesus am Kreuz vergossen hat, gereinigt wurden, konnten wir Gott nur mit sündenbefleckten Händen dienen. Gott möchte, dass seine Diener reingewaschen werden, bevor sie ihm dienen, so wie auch die Priester im Alten Testament vor der Ausübung ihres Amtes eine feierliche Waschung vollziehen mussten. Durch Gottes Plan der Gnade können wir Gott unbefleckt dienen.

Darüber hinaus hilft uns die Gnade, Gott mit der richtigen Motivation zu dienen. Wenn wir die Bedeutung von Gnade nicht wirklich verstanden haben, dienen wir Gott oft, um uns von ihm angenommen zu fühlen. Durch unsere Werke versuchen wir, ihm einen Grund zu geben, uns zu lieben. Durch die Gnade können wir sicher sein, dass alles, worauf es ankommt, allein in Gott zu finden ist. Wir sind in Jesus angenommen und können Gott deshalb aus Liebe und Dankbarkeit dienen. So wie ein Kind es liebt, seinem Papa eine Freude zu machen, aber nicht versucht, sich seine Zustimmung zu *verdienen*, besteht unser Lohn darin, dass Gott sich über uns freut.

Wenn wir Gottes Gnade richtig verstehen, können wir ihm auch in einem der wichtigsten Bereiche dienen – in der Anbetung. Ist die Frage des Angenommenseins von Gott durch seine unverdiente Gunst geklärt und ist das Herz wirklich zur Ruhe gekommen, dann bekommt Anbetung eine faszinierende neue Dimension, die geprägt ist von intensiver Dankbarkeit und Bewunderung für all das, was Gott in unseren Leben getan hat. Im Bewusstsein der Gnade beten wir Gott aus Dankbarkeit an und nicht, weil wir versuchen, seine Zustimmung zu bekommen oder seinen Zorn zu besänftigen. Wir machen uns keine Gedanken darüber, ob Gott uns ablehnt, wenn wir ihm nicht gefallen, denn in der Gnade ist diese Frage durch das, was Jesus am Kreuz vollbracht hat, für immer geregelt. Wenn wir keine Angst mehr vor Ablehnung haben, können wir Gott aus lauter Dankbarkeit für alles, was er für uns getan hat, in der Anbetung dienen. Die Gnade wird uns gegeben, damit wir Gott dienen können.

Gnade, um anderen zu dienen

Einen vierten Grund, warum Gott uns seine Gnade schenkt, können wir in Epheser 3,7 lesen, wo Paulus uns sagt: „Gott hat mich zum Diener dieser Botschaft gemacht, indem er mir mit seiner großen Kraft die Gnade dazu geschenkt hat." Gnade war das Fundament von Paulus' Dienst. Er wusste, dass Gott ihm diese Gnade geschenkt hatte, damit er dem Leib Christi dienen konnte. Mit allem, was uns durch die Gnade geschenkt wurde, können wir also nicht nur Gott, sondern auch der Gemeinde dienen. So beeinflusst die Gnade auch die Art, wie wir dem Leib Christi dienen. Unser Dienst kommt aus Dankbarkeit und Liebe und nicht aus Schuldgefühlen oder Angst vor drohender Strafe, sollten wir im Dienen mal scheitern. Gott gibt uns Gnade, damit wir seiner Gemeinde dienen können.

Wir sehen deutlich, dass Gott uns seine Gnade schenkt, damit wir im Gehorsam gute Werke tun und ihm und seiner Gemeinde dienen. Wir müssen jedoch begreifen, dass Gott uns seine Gnade nicht gibt, *weil* wir diese Dinge tun, sondern weil wir durch die Gnade den Wunsch, die Fähigkeiten und die Mittel dazu haben. Die Gnade ist niemals eine Belohnung für gute Taten, die wir entweder schon getan oder zu tun versprochen haben. Gnade wird uns gegeben, damit wir die Dinge tun, die Gott gefallen.

In Zusammenarbeit mit Gott

Paulus hat verstanden, dass Gott uns seine Gnade schenkt und wir dann dafür gewappnet sind, mit beiden Händen zuzupacken. Daraus folgt, dass Gottes Werk getan wird. Früchte entstehen, wenn wir erkennen, dass wir in einer Partnerschaft mit Gott stehen. Es ist schwer zu verstehen, warum der souveräne Schöpfer des Universums eine Partnerschaft mit uns eingehen will, aber er will es, und zwar auf vielen verschiedenen Ebenen.

Stellen wir uns einen Landwirt vor, der Mais anbaut. Er wird alles dafür tun, damit der Mais gut wachsen kann. Er düngt und lockert den Boden, sät den Samen, bewässert das Feld, zupft Unkraut und erntet den Mais zur richtigen Zeit. Der Bauer tut seine Arbeit, aber er *lässt* den Mais nicht wachsen. Das ist ein Wunder, das Gott selbst in jeden einzelnen Samen hineingepflanzt hat. Alles, was der Bauer tun kann, ist, mit Gott zusammenzuarbeiten, indem er die bestmöglichen Bedingungen für das Wunder des Wachstums sicherstellt. Gott tut seinen Teil und wenn der Mensch seinen Teil tut, werden optimale Ergebnisse erzielt.

Gottes Prinzip der Partnerschaft ist nur ein allgemeines Prinzip in seinem Umgang mit den Menschen. Gott ist nicht dazu verpflichtet, so mit den Menschen zusammenzuarbeiten und sein eigentliches Ziel wird auch dann nicht gefährdet, wenn es auf der Seite der Menschen zu Fehlern kommt. Es ist Gottes Recht, in jeder beliebigen Situation ohne jegliche menschliche Beteiligung vollkommen souverän zu handeln und das tut er weit häufiger, als wir annehmen. Generell lässt sich jedoch sagen, dass Gott mit dem Menschen zusammenarbeitet.

Paulus hat dieses Prinzip gut verstanden. Er schrieb den Korinthern: „Wir arbeiten Hand in Hand an derselben Sache als Menschen, die zu Gott gehören" (1.Korinther 3,9). Dieses Prinzip der Zusammenarbeit hilft uns zu verstehen, was Paulus meinte, als er schrieb, dass es möglich sei, die Gnade Gottes vergeblich zu empfangen. Wenn wir unseren Teil vernachlässigen, dann bewirkt seine Gnade nicht das, was er beabsichtigt hat und man könnte sagen, dass sie vergeblich gegeben wurde. Paulus war fest entschlossen, das nicht zuzulassen. Er entschied sich, gemeinsam mit Gottes Gnade *hart zu arbeiten* (1. Korinther 15,10), damit das beste Ergebnis erzielt werden konnte.

Es gibt vieles, was uns davon abhält, so hart zu arbeiten wie Paulus. Diese Dinge halten uns auch davon ab, in der Zusammenarbeit mit Gott die bestmöglichen Ergebnisse zu sehen. Eines dieser Hindernisse ist der Unglaube. Es kann sein, dass wir die Gnade Gottes nie für unser alltägliches Glaubensleben in Anspruch nehmen und es ablehnen, in der Freiheit und dem Sieg zu leben, die diese Gnade mit sich bringen. Vielleicht vernachlässigen wir unsere harte Arbeit, weil wir mit unseren eigenen Zielen und Projekten beschäftigt sind und wenig Interesse für Gottes Pläne zeigen. Wenn wir mithilfe der Gnade Gottes arbeiten wollen, müssen wir aufrichtig glauben, dass das Voranbringen von Gottes Reich wichtiger ist als unser eigenes Wohlergehen und Vorankommen. Auch Faulheit kann uns von der harten Arbeit abhalten, die sicherstellen soll, dass die Gnade Gottes nicht umsonst gegeben wird. Mit solcher Faulheit kann man nicht schonend umgehen. Gott fordert solche Christen dazu auf, aus ihrem Schlaf zu erwachen und mit ihm zusammenzuarbeiten (Epheser 5,14).

Auch das ausgiebige Beschäftigen mit verletzten Gefühlen oder die mangelnde Bereitschaft, anderen wirklich zu vergeben, kann Christen daran hindern, mit Gott zusammenzuarbeiten. Wenn vergangene Verletzungen oder Sünden gegen uns unser Denken und unsere Persönlichkeit bestimmen, kann uns das den Wunsch nehmen, über unsere eigenen Probleme hinauszublicken und in Partnerschaft mit Gott das zu tun, was für sein Reich wichtig ist. Gott möchte, dass wir alle Verletzungen, allen Schmerz und alle Bitterkeit gegen andere am Kreuz ablegen und uns mit diesen Dingen auf biblische Art und Weise auseinandersetzen. Er möchte, dass ich „die Vergangenheit vergesse und auf das schaue, was vor mir liegt" (Philipper 3,13). Mit Hilfe von Gottes Gnade werden uns derartige Dinge nicht aufhalten oder davon abhalten, intensiv mit Gott zusammenzuarbeiten.

Alles aus Gnade

Für Menschen, die mit der Sünde des Stolzes zu kämpfen haben, birgt die Zusammenarbeit mit Gott eine große Gefahr. Wir sind schnell dabei, das hervorzuheben, was wir meinen, geleistet zu haben oder wir heimsen die Anerkennung für die wunderbaren Dinge ein, die Gott bewirkt hat. Wir können wie der Floh sein, der auf dem Rücken eines Löwen reitet und sehr stolz darauf ist, dass alle Angst vor „ihm" haben. Paulus vermeidet diesen Fallstrick, weil er ein wichtiges Prinzip zur Zusammenarbeit mit Gott verstanden hat. Er war sich darüber im Klaren, dass sogar sein eigenes Bestreben, in der Gerechtigkeit zu wachsen, aus Gottes Gnade entstanden ist. Seine harte Arbeit war nicht das Produkt seiner eigenen Bemühungen, sondern die Folge von Gottes Gnade, die in ihm Frucht hervorgebracht hat. Paulus schrieb: „… doch nicht ich habe gearbeitet, sondern Gott, der durch seine Gnade durch mich wirkte" (1. Korinther 15,10). Paulus brüstet sich nicht mit seiner Arbeit und rechnet sich nicht an, was er in Zusammenarbeit mit Gott getan hat, denn er weiß, dass er nur durch das Werk der Gnade bereit und in der Lage war, die Arbeit zu tun.

Wir können auch nicht mit dem prahlen, was wir in der Zusammenarbeit mit Gott tun, denn er schenkt die Gnade, durch die wir überhaupt in der Lage dazu sind. Alles, was er von uns im Leben als Christ erwartet, können wir nur deshalb erfüllen, weil er uns seine Gnade schenkt. Was können wir, in Gottes Augen, ohne diese Gnade erreichen? Nichts, wir können nur scheitern! Es war niemals Gottes Absicht, dass wir ihm gehorchen, gute Werke tun oder ihm und seiner Gemeinde dienen, ohne dass seine Gnade uns dazu ausrüstet. Erst wenn ein Mensch zum Glauben an ihn gekommen ist und die Gnade empfangen hat, durch die ein gottgefälliges Leben erst möglich ist, erwartet Gott einen Einsatz von ihm.

Wenn wir also in der Zusammenarbeit mit Gott unsere Aufgaben nicht erfüllen können, hakt es im Grunde genommen daran, Gottes Gnade anzunehmen und sie richtig einzusetzen. Die Gnade, die in uns wirkt, schenkt uns den Willen, die Fähigkeit und die nötigen Mittel, hart zu arbeiten. Wenn uns das nicht gelingt, dann deshalb, weil wir uns die Gnade Gottes für diese spezielle Aufgabe nicht im Glauben zu eigen gemacht haben. Unser Wachstum, unsere guten Werke und unser Dienst im christlichen Leben sind von Anfang bis Ende Werke der Gnade; und das Wirken der Gnade ist entscheidend für ein fruchtbares Leben.

Das Plädoyer von Paulus

Paulus hilft den Christen in diesem kurzen Abschnitt vom 1. Korintherbrief dabei, die Gnade und ihre Auswirkungen besser zu verstehen. Zunächst ist es wichtig zu wissen, dass Menschen nur durch die Kraft der Gnade verändert werden. Das Gesetz sagt uns ganz klar, wie wir werden sollen, aber das Gesetz kann uns nicht ändern. Echte Veränderung kommt nur durch Gnade. Des Weiteren haben wir gelernt, dass die Gnade ein Geschenk ist, das vergeblich empfangen werden kann. Wenn wir die Gnade empfangen haben, aber sie keinen Geist des Gehorsams, der guten Werke und den Wunsch, Gott und den Menschen zu dienen, in uns hervorbringt, wurde sie vergeblich und eigentlich nicht richtig empfangen. Um sicherzustellen, dass die Gnade nicht vergeblich empfangen wurde, möchte Gott eine intensive Zusammenarbeit mit ihm. Denn nur auf diesem Weg kann sein Werk in unserem Leben und auf der Welt vollbracht werden. Abschließend dämpft Paulus unseren Stolz, indem er deutlich macht, dass selbst unsere Zusammenarbeit mit Gott allein durch seine Gnade möglich ist.

Paulus wünscht sich für die Korinther sehr, dass sie nicht zu denen gehören, die Gottes Gnade vergeblich empfangen. Der Heilige Geist hat durch Paulus nicht nur zu den Korinthern gesprochen, sondern er spricht auch zu uns. Wir müssen die mahnenden Worte, die Paulus an jeden Christen richtet, verstehen und danach handeln: *„Aber als Mitarbeiter ermahnen wir euch auch, die Gnade Gottes nicht vergeblich zu empfangen"* (2. Korinther 6,1;SLT).

Kapitel Zehn

Aus Gottes Gnade fallen

Denn wenn ihr durch das Gesetz vor Gott bestehen wollt, seid ihr von Christus getrennt und aus Gottes Gnade gefallen.
(Galater 5,4)

In den alten Sagen des antiken Roms und Griechenlands werden die Götter nicht besonders moralisch oder gerecht dargestellt. Zeus, Apollo, Poseidon und andere waren oft für ihre Lügen, Betrügereien, sexuelle Unmoral und Grausamkeit bekannt. Daher konnte man im antiken Rom religiös sein und gleichzeitig gegen die guten Sitten verstoßen; indem man einfach dem Vorbild der Götter folgte. Daran können wir erkennen, dass religiöse Menschen nicht unbedingt einen hohen moralischen Standard haben oder umsetzen. Im Alten Testament sehen wir einen weit höheren Maßstab, wenn es um das Verhalten der Menschen geht, aber sogar dort wird deutlich, dass es im Leben der großen Patriarchen Sünde und moralisches Versagen gab. Abraham log ungeniert, Isaak betrog, Mose war ein Mörder und David beging Ehebruch und Mord. Wir staunen über das, was Gott mit diesen Männern tat und wie er sie gebrauchte, um das Volk Gottes aufzubauen. Aber wir sehen auch, wie schwer es diesen Männern fiel, ihren hohen moralischen Standard im eigenen Leben einzuhalten.

Der christliche Glaube unterscheidet sich stark von den antiken Religionen. Die Götter des Olymps waren offenkundig unmoralisch und die Helden des Judentums konnten sich nicht an das halten, was sie als richtig erkannten. Im Gegensatz dazu war die zentrale Gestalt des Christentums ein Mensch, der nie gesündigt hat. Jesus Christus ist, gemessen am strengsten moralischen Standard, den es je gab - dem Standard Gottes - absolut rein und vollkommen. Er hat niemals mit Worten, Taten oder Gedanken gesündigt. Nur er konnte von sich sagen: „Denn ich tue immer, was ihm gefällt" (Johannes 8,29). Niemand außer Jesus konnte seinen verbitterten Feinden ins Gesicht schauen und fragen: „Wer von euch kann mir zu Recht eine Sünde vorwerfen?" (Johannes 8,46). Die Tatsache, dass Jesus Christus, unser Vorbild, frei von jeder moralischen oder geistlichen Unvollkommenheit war, stellt eine große Herausforderung für alle dar, die dazu berufen sind, seinem Bild ähnlich zu werden.

Die Vollkommenheit Jesu kann aber auch ein Stolperstein für uns sein. Nicht, weil wir seine Sündlosigkeit verkennen, sondern weil sein makelloses Leben manche zu der Annahme verleitet, dass der Sinn des christlichen Lebens in der Erfüllung moralischer Pflichten liegt. Wir denken vielleicht, es sei wichtiger, *Jesus nachzueifern*, als ihm zu erlauben, *in uns zu leben*. Wir wissen, dass moralische Maßstäbe im Christentum wichtig sind; aber sind sie das allerwichtigste in unserem Glauben? Und was hat Moral mit Rettung zu tun?

Moral und Rettung

Im Laufe der Zeit denken die meisten Christen über die Beziehung von Moral und Rettung nach. Wir stellen uns diese Beziehung normalerweise so vor, dass wir entscheiden, welche Verhaltensweisen für Menschen, die sich als Nachfolger Jesu sehen, angemessen sind. Wir sehen Menschen, die sich als Christen bezeichnen, aber Dinge tun, die andere Gläubige für falsch und unmoralisch halten. Manche rauchen, trinken oder tanzen; andere benutzen Schimpfwörter oder sind in ihrer Sexualität unmoralisch. Innere Sünden wie Gier, Lust und Neid sind noch gefährlicher. Wenn wir gläubige Christen sehen, die moralische Kompromisse eingehen, stellen wir uns die Frage: Kann ein solches Fehlverhalten dazu führen, dass ein Gläubiger seine Rettung verliert?

Stell dir jemanden vor, der vorgibt, ein Christ zu sein, aber tief in Sünde steckt. Such dir ein bestimmtes Fehlverhalten und das Ausmaß des Ungehorsams aus, um daraus ein hypothetisches Beispiel zu machen; es spielt keine Rolle, welche Art oder welches Ausmaß das moralische Versagen hat. Die wichtigste Frage ist die folgende: Kann das moralische Versagen dazu führen, dass diese Person ihre Stellung als Christ verliert?

Was einige der ersten Christen dachten

Das ist eine Frage, mit der sich die Gemeinschaft der Christen schon länger beschäftigt. Von Anfang an war die Gemeinde mit der Frage konfrontiert, wie sie mit Christen, deren Leben von moralischen Kompromissen gezeichnet war, umgehen sollte.

Alle, die sich ein bisschen in der Kirchengeschichte auskennen, sind stolz auf ihre Märtyrer. Wir blicken voller Bewunderung auf die tapferen Gläubigen zurück, die für ihren Glauben Leid ertrugen oder sogar starben. Aber wir müssen zugeben, dass es im Laufe der Jahrhunderte viele Christen gab, die angesichts von Verfolgung nicht standhaft blieben. In der Kirche hat es Märtyrer und Bekenner gegeben, aber auch Feiglinge.

Mit unseren Märtyrern wissen wir umzugehen: Wir bewundern sie und erinnern uns voller Respekt an ihren Mut. Aber was ist mit den Feiglingen in der Gemeinde? Was sollen wir mit den Geschwistern tun, die sich für den einfachen Weg entschieden haben?

Wenn du dieses Problem als nicht besonders wichtig erachtest, hast du wahrscheinlich nicht zu einer Zeit gelebt, in der die Gemeinde unter starker Verfolgung litt. Aber es gab Zeiten, in denen diese Frage für die Gemeinde einen hohen Stellenwert hatte.

In der Mitte des dritten Jahrhunderts litten die Christen unter der grausamen Verfolgung des römischen Kaisers Decius. Für viele war es einfacher, Kompromisse zu machen, um ihr eigenes Leben zu retten. Aber als die Zeit der Verfolgung vorüber war, wollten sie wieder in die Gemeinschaft der Kirche zurückkehren, genau wie vorher.

Einige Gruppen sagten diesen abtrünnigen Gläubigen: „Kommt einfach zurück. Sagt, dass es euch leidtut und alles ist wieder gut." Diese Kirchen wurden für ihre leichtfertige Sicht der Sünde unter Christen bekannt, weil sie einen einfachen und unbeschwerten Weg zur Wiedergutmachung anboten.

Andere Christen lehnten die lockere Einstellung gegenüber einer Sünde ab, die in ihren Augen sehr schlimm war. Sie entschieden sich für das andere Extrem und sagten, dass solch ein abgefallener Christ niemals wieder gerettet werden und in die Gemeinde aufgenommen werden könne.

Diese Christen glaubten aufrichtig, dass man nach seiner Taufe nur einmal die Möglichkeit hat, Buße zu tun. Mit anderen Worten: Ein frisch getaufter Gläubiger konnte nur einmal so richtig sündigen und Vergebung empfangen. Sie glaubten, dass Gott Gläubige nach einem solchen Fehltritt nicht mehr aufnehmen würde. Diese Denkweise galt besonders für die sogenannten sieben Todsünden Götzendienst, Gotteslästerung, Mord, Ehebruch, Unzucht, ein falsches Zeugnis ablegen und Betrug. Wenn ein Christ nach seiner Taufe zwei dieser Sünden beging, gab es für ihn keine Hoffnung mehr auf Rettung. Dies war damals mit Sicherheit nicht die allgemeingültige Lehrmeinung der Kirche, aber es war die feste Überzeugung einiger.

Manche dieser Gruppen waren davon so überzeugt, dass sie sich aus Protest gegen die angebliche Milde im Umgang mit sündigen Gläubigen (teilweise oder gänzlich) aus der Gemeinde zurückzogen. Gruppen wie die Montanisten, die Novatianer und die Donatisten waren der Meinung, dass die meisten anderen Christen zu nachsichtig mit sündigen Gläubigen umgingen, sodass sie sich von ihnen trennten, weil sie an einen strengeren Kodex glaubten.[71]

Heute ist den meisten Christen klar, dass diese Gruppen im Unrecht waren. Wir verstehen, dass das Blut Jesu Christi den Schmutz jeder Sünde wegwaschen kann, wenn der Sünder seine Sünde aufrichtig bekennt und bereut. Die meisten würden dem Mittelweg zustimmen, den die Mehrheit der damaligen christlichen Gruppen im Umgang mit diesen Brüdern, die sich aus Angst vom Glauben abgewandt hatten, wählte: Man erlaubte ihnen, in die Gemeinde zurückzukehren, erwartete aber ein öffentliches Bekenntnis und eine deutlich sichtbare Buße. Gleichzeitig fühlen wir uns zu Recht von jedem beleidigt, der es mit dem Titel „Christ" zu leichtnimmt, ohne zu erkennen, dass der moralische Standard, zu dem Gott uns aufruft, hoch, rein und heilig ist. Aber wie können wir zwischen diesen beiden Extremen eine Balance finden? Wie können wir den richtigen Umgang mit moralischem Versagen in der Gemeinde erlernen?

Ein biblisches Beispiel

Den besten Weg des richtigen Umgangs mit Christen, die in Sünde leben, sehen wir bei den Aposteln. Ein besonders anschauliches Beispiel finden wir in 1. Korinther 5,1-5:

> „Ich kann kaum glauben, was mir über die Unzucht unter euch berichtet wird; so schlimme Dinge, dass nicht einmal die Menschen, die Gott nicht kennen, so etwas tun. Ich habe gehört, dass ihr einen Mann in eurer Gemeinde habt, der mit der Frau seines Vaters zusammenlebt. Und ihr seid stolz auf euch! Warum tragt ihr nicht Trauer vor Kummer und Scham? Und warum habt ihr den Mann, der so lebt, nicht aus eurer Gemeinschaft ausgeschlossen? Auch wenn ich nicht persönlich anwesend bin, so bin ich doch im Geist bei euch und habe das Urteil über den Mann, der das getan hat, bereits gefällt. Wenn ihr euch im Namen von Jesus, dem Herrn, versammelt, so werde ich im Geist anwesend sein, und die Kraft des Herrn ist mitten unter euch. Dann sollt ihr den Mann aus der Gemeinde ausschließen und dem Satan übergeben, damit seine sündige Natur vernichtet und er selbst gerettet werden kann, wenn der Herr wiederkommt."

Dies ist ein klares Beispiel für schweres moralisches Fehlverhalten in der ersten Gemeinde. Hier haben wir in der Gemeinde in Korinth einen Fall von Inzest: Ein Mitglied der Gemeinde hat eine sexuelle Beziehung zu seiner Stiefmutter. Wie jeder andere, der auch nur über einen Funken Urteilsvermögen verfügte, wusste Paulus, dass ein solches Verhalten absolut nicht dem entspricht, was Gott von Christen erwartet. Deswegen fordert Paulus die Gemeinde dazu auf, den in Sünde lebenden Mann aus disziplinarischen Gründen aus der Gemeinde auszuschließen. Paulus erwartete, dass die Korinther nicht länger stolz auf ihre angebliche Geduld und Nachsicht mit diesem Mann waren, sondern sofort handelten, um ihn aus der Gemeinde auszuschließen.

Sobald der Täter nicht mehr den geistlichen Schutz der Gemeinde Gottes genoss, war er in der Welt, die man als Satans Reich ansah, auf sich allein gestellt. Auf diese Art und Weise würde er dem Satan übergeben werden. Aber mach dir bitte klar, warum Paulus diese Vorgehensweise wählte. Für Paulus hatte dies nichts mit der Vorstellung zu tun, dass er diesen Mann der ewigen Verdammnis übergeben würde, sondern um seine endgültige Rettung zu erreichen.

Etwas von dem, was Paulus in dem Brief an die Thessalonicher geschrieben hat, hilft uns, diese Strategie im Umgang mit denen, die als Mitglieder der Gemeinde in Sünde gefangen sind, besser zu verstehen:

> „Achtet darauf, wer unsere Anweisung nicht befolgen will, und haltet euch von ihm fern, damit er sich schämt. Betrachtet ihn jedoch nicht als Feind, sondern redet mit ihm wie mit einem Bruder und ermahnt ihn!" (2. Thessalonicher 3,14-15)

Wir sehen in beiden Fällen, dass es Paulus sehr wichtig war, wie man mit der Sünde dieser Gemeindemitglieder umging. Gleichzeitig sollte diese strenge Disziplinierung im Bewusstsein der Tatsache erfolgen, dass die Betroffenen immer noch als Familie Gottes angesehen wurden („redet mit ihm wie mit einem Bruder") und das ewige Leben erlangen können („damit seine sündige Natur vernichtet und er selbst gerettet werden kann, wenn der Herr wiederkommt"). Es geht hier um Folgendes: Paulus vertrat die Ansicht, dass es in diesen speziellen Fällen notwendig sei, mit den Schuldigen nach dem sehr strengen moralischen Maßstab des christlichen Glaubens zu verfahren, aber er glaubte nicht, dass dieses moralische Fehlverhalten den sofortigen Verlust der Rettung nach sich ziehen würde.

Paulus nennt uns noch ein weiteres Beispiel für eine schwere Sünde in der Gemeinde der Apostel:

> „Wer also unwürdig dieses Brot isst oder aus diesem Kelch des Herrn trinkt, der macht sich am Leib und am Blut des Herrn schuldig. Deshalb sollet ihr euch prüfen, bevor ihr das Brot esst und aus dem Kelch trinkt. Denn wenn ihr unwürdig das Brot esst und aus dem Kelch trinkt und damit den Leib Christi entehrt, dann esst und trinkt ihr euch zum Gericht Gottes. Aus diesem Grund sind viele von euch schwach und krank, und einige sind sogar gestorben. Würden wir uns jedoch selbst prüfen, dann würden wir nicht gerichtet werden. Wenn wir aber vom Herrn geprüft und gerichtet werden, werden wir bestraft - und das geschieht, damit wir nicht zusammen mit der Welt verurteilt werden." (1. Korinther 11,27-32)

In diesem Abschnitt spricht Paulus ein schwerwiegendes Problem in der Gemeinde in Korinth an. Wenn sie das Abendmahl im Gedenken an das Opfer des Herrn feierten, war ihr Verhalten so schlecht, dass sie damit das Gedenken in Verruf brachten. Die Gemeinde feierte das Abendmahl oft während eines großen Essens, zu dem jeder eine Speise beitrug. Aber bei diesen Mahlzeiten fehlte die richtige Einstellung zur Liebe und zum Teilen unter den Gläubigen, so dass sich einige überfraßen und andere hungrig nach Hause gingen. Paulus sagte, dass diese Art von Egoismus den Zweck des Abendmahls entehrte. Dies war so gravierend, dass Gott im Zuge der Beseitigung des Problems einige von ihnen in den Himmel holte. Das heißt, einige der Korinther waren krank oder sogar tot („und einige sind sogar gestorben"), weil Gott befand, dass diese Gläubigen ihre Aufgabe auf der Erde verwirkt hatten. Dies war ein schwerwiegender Verstoß gegen Gottes moralischen Anspruch.

Aber auch im Fall derer, die wegen ihrer Sünde gestorben waren, hat Gott dies nicht getan, um die Schuldigen zu verdammen, sondern um sie zu retten. Sein hartes Gericht sollte sicherstellen, dass die Menschen, die schwere Fehler begangen hatten, nicht mit der Welt verdammt wurden. Wir sehen also, dass Paulus selbst in diesem Fall von moralischem Fehlverhalten innerhalb der Gemeinde nicht davon ausging, dass die Schuldigen ihre Rettung verloren hatten. Vielmehr bestätigte er, dass Gott selbst dafür gesorgt hat, ihre Rettung zu erhalten.

Die Gnade empfangen

Niemand kann das Neue Testament lesen, ohne von dem moralischen Standard des christlichen Glaubens beeindruckt zu sein. Aber es geht nicht in erster Linie um das Streben nach diesem Maßstab oder ihn tatsächlich zu erreichen. Wie Paulus schrieb: „Denn im Reich Gottes ist nicht entscheidend, was man isst oder trinkt, sondern dass man ein Leben führt in Gerechtigkeit und Frieden und in der Freude im Heiligen Geist" (Römer 14,17). Im Leben eines Christen geht es vor allem um eine lebendige Beziehung zu Gott, die dank Jesus Christus durch die Gnade möglich gemacht wurde.

Diese Erkenntnis hilft uns zu verstehen, was es bedeutet, im Leben als Christ bis zum Ende durchzuhalten. Sowohl Calvinisten als auch Arminianer sind sich einig, dass sich wahre Bekehrung durch Beharrlichkeit auszeichnet. Wir erinnern uns an Jesu Gleichnis vom Sämann (Matthäus 13,1-9; 18-23), wo die Samen, die bis zum Ende durchhielten, Frucht brachten. Einige wuchsen schnell, verdorrten aber später oder wurden vom Unkraut erstickt. Jesus erklärt damit, dass sich ein wahres Leben als Christ durch Beharrlichkeit auszeichnet.

Dennoch missverstehen wir oft den zentralen Punkt der Beharrlichkeit: Wir sollen fest *in der Gnade stehen*. Wir machen leicht den Fehler, beim Thema Beharrlichkeit nur an Begriffe wie *Werke* und *moralisches Verhalten* zu denken. Das ist wichtig, aber wir müssen zuerst darauf achten, dass wir fest *in der Gnade stehen*.

Das Neue Testament spricht das Thema, „Fest in der Gnade zu stehen", deutlich an. Erinnert euch, dass die Gnade von Gottes Seite her niemals enden kann. Er nimmt seine Gnade nicht zurück, und niemals verlangt er von denen, die seine Gnade im Glauben empfangen haben, erst einmal zu beweisen, dass sie die Gnade verdient haben. Allerdings sehen wir im Neuen Testament, dass der Mensch den *Empfang* der Gnade verfehlen kann. Paulus schreibt in Galater 1,6-7:

> „Ich kann es nicht fassen, dass ihr euch so schnell von Gott abwendet, der euch in seiner Gnade zum ewigen Leben berufen hat, das er den Menschen durch Christus schenkt. Schon folgt ihr einer anderen, fremden Lehre, die als gute Botschaft daherkommt und es doch nicht ist. Ihr lasst euch von Leuten täuschen, die die Botschaft von Christus verfälschen."

Paulus denkt hier offensichtlich an die reale Gefahr sich vom Evangelium der Gnade, das Rettung bringt, abzuwenden. Später schrieb er an die Galater:

> „So hat uns Christus also wirklich befreit. Sorgt nun dafür, dass ihr frei bleibt, und lasst euch nicht wieder unter das Gesetz versklaven ... wenn ihr durch das Gesetz vor Gott bestehen wollt, seid ihr von Christus getrennt und aus Gottes Gnade gefallen!" (Galater 5,1+4)

Paulus war sehr besorgt darüber, dass manche in der Gemeinde in Galatien kurz davor standen, „aus der Gnade zu fallen". Aber was bedeutet das?

Wenn wir uns ansehen, was das gesamte Neue Testament zur Gnade sagt, können wir festhalten, dass „aus der Gnade fallen" *nicht* bedeutet, dass ein Christ, der sündigt, sofort von der Gnade abfällt und Gefahr läuft, seine Rettung zu verlieren. Die Verheißungen der Schrift sind eindeutig: Wo Buße ist, führt die Sünde uns dazu, *in* die Gnade zu fallen (wenn wir sie empfangen), weil die Gnade für Sünder gedacht ist! Die Annahme und Würdigung der Gnade ist nicht den wenigen vorbehalten, die einem hohen und anspruchsvollen Standard gerecht werden können. Sie wird aus freien Stücken gegeben, ohne Rücksicht auf Verdienst oder Fehlverhalten des Empfängers, sondern mit vollem Blick auf das vollendete Werk Jesu auf Golgatha.

Aus der Gnade zu fallen bedeutet, dass wir die Gnade als Grundlage für unsere Verbindung zu Gott verwerfen und einen anderen Zugang wählen. Wenn wir unser Recht aufgeben, mit Gott durch die Gnade eine Beziehung einzugehen, greifen wir stattdessen auf den Weg der Gesetzlichkeit zurück. In der Gesetzlichkeit hängt unsere Beziehung zu Gott von unseren Werken ab und nicht von Gottes Werk. Die Gesetzlichkeit mag sich unter dem Deckmantel des aufrichtigen Bemühens um die Einhaltung von Gottes moralischen Maßstäben präsentieren, aber im Grunde vermittelt sie, dass das Werk Jesu nicht genug ist. Der gesetzliche Christ glaubt, dass das Werk Jesu nur in Verbindung mit den Werken des Gläubigen von Wert ist. Viele, die Gesetzlichkeit praktizieren, nennen sie nicht so; sie denken einfach, dass es eine sinnvolle Herangehensweise an Gott ist. Für das Fleisch oder den im Fleisch geborenen Menschen mag dies der Fall sein, aber für den Gläubigen, der im Geist wandelt und die Gnade dankbar annimmt, macht es keinen Sinn.

Aus der Gnade zu fallen heißt, einem Konzept zuzustimmen, in dem das Erlösungswerk Jesu teilweise oder ganz durch das Werk des Menschen ersetzt wird. Bedenke jedoch, dass niemand über Nacht aus der Gnade fällt. Um die Gnade als Grundlage unserer Beziehung zu Gott abzulehnen, muss man Gottes Plan und Offenbarung ganz bewusst und entschieden ablehnen, und das kann nur über einen längeren Zeitraum hinweg geschehen.

Diese Gefahr, aus der Gnade zu fallen, erklärt die vielen Ermahnungen im Neuen Testament, weiterhin in der Gnade zu bleiben:

> „... und die beiden Männer ermahnten sie: »Haltet an Gottes Gnade fest.«" (Apostelgeschichte 13,43)
>
> „Dort waren sie der Gnade Gottes anvertraut worden, um den Auftrag auszuführen, den sie nun erfüllt hatten." (Apostelgeschichte 14,26)

„Die Gläubigen sandten ihn aus und vertrauten ihn der Gnade des Herrn an." (Apostelgeschichte 15,40)

„Und nun vertraue ich euch Gott und dem Wort seiner Gnade an - seiner Botschaft, die euch ermutigen und euch ein Erbe geben kann gemeinsam mit allen, die er für sich ausgesondert hat." (Apostelgeschichte 20,32)

„Du nun, mein Kind, sei stark in der Gnade, die in Christus Jesus ist." (2. Timotheus 2,1)

„Versucht, mit allen Menschen in Frieden zu leben, und bemüht euch, ein heiliges Leben nach dem Willen Gottes zu führen, denn wer nicht heilig ist, wird den Herrn nicht sehen. Achtet aufeinander, damit niemand die Gnade Gottes versäumt. Seht zu, dass keine bittere Wurzel unter euch Fuß fassen kann, denn sonst wird sie euch zur Last werden und viele durch ihr Gift verderben." (Hebräer 12,14-15)

„Wachst aber in der Gnade und Erkenntnis unseres Herrn und Retters Jesus Christus! Ihm gehört alle Herrlichkeit und Ehre, jetzt und in Ewigkeit." (2. Petrus 3,18)

Das Thema wurde immer wieder aufgegriffen: An der Gnade festhalten, der Gnade Gottes anvertraut werden, stark in der Gnade sein, die Gnade nicht versäumen und in der Gnade wachsen. Kein Wunder, dass Paulus so besorgt um alle war, die Gefahr liefen, von der Gnade abzufallen!

Die große Diskussion

Soll das heißen, dass eine Person, die aus der Gnade gefallen ist, ihre Rettung verloren hat? An diesem Punkt kommen wir wieder zurück zu der großen Diskussion, die es zwischen Calvinisten und Arminianisten gibt. Die eine Seite sagt: „Einmal gerettet, immer gerettet". Und die andere Seite entgegnet: „Es ist möglich, seine Rettung zu verlieren." Einige denken, dass die Warnungen von

Paulus der sichere Beweis dafür seien, dass jemand aus der Gnade fallen und damit auch seine Rettung verlieren könne. Andere denken, dass Paulus einfach eine drastische Warnung aussprach und dass jemand, der die errettende Gnade wirklich empfangen hat, sie unmöglich wieder verlieren kann. Wieder andere denken, dass jemand, der aus der Gnade fällt, in diesem Leben verschiedene Segnungen verliert, dies aber keine Auswirkungen auf sein ewiges Leben hat.

Was auch immer du darüber denkst - im Prinzip stimmen wir alle in einer Sache überein: Wir glauben, dass das Fortbestehen in der Gnade unerlässlich ist, um das christliche Leben bis zum Ende durchzuhalten. Dieses Festhalten an der Gnade ist keine Nebensache, die wir erst angehen, wenn wir sicher sind, dass wir einen moralischen Standard erfüllen; sie ist ein zentrales Element der Nachfolge Jesu. Wir wissen, dass es nicht ausreicht, gute Werke zu tun oder moralisch zu leben; wir dürfen uns niemals selbst von der Gnade Gottes ausschließen.

Woran merkst du es?

Woran können wir erkennen, dass wir uns von der Gnade abwenden? Dies ist einer der Bereiche im christlichen Leben, in dem es auf die Herzenseinstellung ankommt. Das Abwenden von der Gnade fängt im Herzen an und wir können nicht mit Sicherheit sagen, wann das bei jemand anderem geschieht. Aber wir können in uns selbst nach Anzeichen suchen, die darauf hindeuten, dass wir uns von Gottes Gnade abwenden.

Ein häufiges Merkmal derer, die sich von der Gnade abwenden, ist *Stolz*. Gnade und Stolz sind gegeneinander verfeindet. Wenn wir von der Gnade in eine Haltung der Gesetzlichkeit fallen, denken wir bald, dass wir die Segnungen Gottes *verdient haben*. In der Gesetzlichkeit geht es vor allem um Verdienen und Erarbeiten und nicht um Glauben und Empfangen. Das nährt oft einen heiligen Stolz, der eine selbstgefällige Genugtuung darüber empfindet, wie korrekt wir für Gott leben. Der gesetzliche Christ wird mit großer Wahrscheinlichkeit jeden geistlichen Fortschritt als eigenen Verdienst beanspruchen, während der Gläubige, der auch weiter in der Gnade lebt, damit zufrieden ist, Gott alle Ehre zu geben.

Ein weiteres Merkmal für jemanden, der nicht fest in der Gnade steht, ist *Unsicherheit*, denn wenn wir in einer gesetzesorientierten Beziehung zu Gott stehen, spüren wir seine Anerkennung oder Akzeptanz nur, wenn unsere Leistung stimmt. Spurgeon sagte in einer Predigt über die bewahrende Kraft der Gnade Gottes einmal Folgendes:

> „Durch die Gnade Gottes sind wir nicht nur das, was wir sind, sondern wir bleiben es auch. Wir hätten uns schon lange selbst zu Grunde gerichtet und verurteilt, wenn Christus uns nicht durch seine allmächtige Gnade festgehalten hätte."[72]

In der Gnade beruht unsere Beziehung zu Gott darauf, wer er ist und was er für uns getan hat. In der Gesetzlichkeit hängt unsere Beziehung zu Gott davon ab, wer wir sind und was wir für ihn tun.

Wer kurz davor steht, aus der Gnade zu fallen, tendiert oft dazu, *sich auf sich selbst zu verlassen*. Der gesetzliche Christ denkt oft, dass die Voraussetzung für Heiligkeit in ihm selbst liegt und dass er sich einfach mehr ins Zeug legen muss. Diese Einstellung beeinflusst auch die zwischenmenschlichen Beziehungen dieses Christen, weil er nicht glaubt, die Unterstützung oder die Hilfe von anderen Christen zu brauchen. Wer sich so stark auf sich selbst verlässt, ist leider oft innerlich gebrochen und entmutigt, auch wenn er nach außen hin glücklich und überzeugend aussieht.

Ein Christ, der die Gnade nicht richtig begreift, zeigt oft eine allgemeine Kälte in seinem Herzen und seinem Leben, weil er die Beziehung mit Gott nicht so lebt, wie Gott es vorgesehen hat. Wahre Freude an der Gemeinschaft mit Gott kann nur entstehen, wenn wir uns an Gottes Plan halten und die Souveränität seiner Gnade anerkennen.

Es gibt noch ein weiteres Merkmal von jemandem, der sich von der Gnade abwendet, doch das muss im richtigen Zusammenhang gesehen werden. Die meisten Menschen halten moralisches Fehlverhalten für das deutlichste Zeichen für die Abkehr von der Gnade, aber das muss nicht immer so sein. Denke daran, dass die gesetzlichen Christen von Galater 5,4 einen sehr hohen moralischen Maßstab hatten, zumindest dem äußeren Anschein nach, aber

Paulus warnte vor ihrem Abfall von der Gnade. Moralisches Fehlverhalten ist ein *Symptom* bei jemandem, der sich von der Gnade abwendet; die *Ursache* liegt in seiner Abwendung. Wenn du einen solchen Menschen zu Jesus zurückführen willst, ist es wichtig, sowohl die Ursache als auch das Symptom zu besprechen. Viele Menschen befassen sich nur mit den Symptomen oder dem moralischen Fehlverhalten, doch sie versäumen es, mit dem Gestrauchelten über die Notwendigkeit zu sprechen, als wichtigste Grundlage seiner Beziehung zu Gott und seines ganzen Lebens *Gottes Gnade zu ergreifen.*

In der Gnade weiterleben

Es ist auch wichtig, die Merkmale eines Christen zu kennen, der in der Gnade weiterlebt. Wie sieht sein Leben aus?

Zuallererst legt er eine aufrichtige Demut an den Tag, weil ihm oder ihr bewusst ist, dass Gott das Werk vollbracht hat. Wenn wir in der Gnade leben, erkennen wir, dass wir weder Lob noch Anerkennung verdient haben und unser Leben ist von einem wunderbaren Frieden erfüllt, weil wir wissen, dass Gott auch dann treu ist, wenn wir stolpern. Unsere Rettung beruht auf dem, was Gott für uns und in uns getan hat - nicht auf dem, was wir selbst getan haben.

Menschen, die in der Gnade weiterleben, vertrauen auf Gott und nicht auf sich selbst und sie bekennen offen die Notwendigkeit, von ihm zu hören. Außerdem treffen sie in ihrem Leben und ihrem Dienst mutige Entscheidungen, weil sie wissen, dass Gott sie um seiner selbst willen annimmt und nicht um ihrer selbst willen. Sie verstehen, dass ihre Rettung nicht in Gefahr ist, wenn sie mal einen Fehler machen und deswegen haben sie die Freiheit, ihr Leben mutig für Jesus zu leben. Vor allem – und das steht im Gegensatz zur Überzeugung der gesetzlichen Christen – haben wir, wenn wir in der Gnade bleiben, die Kraft, ein erfolgreiches und fruchtbares Leben als Christ zu führen.

Mit Blick auf die Wahrheit, die Paulus uns hier vor Augen führt, sehen wir, dass viele Christen auf das falsche Pferd setzen, wenn sie nach Heilsgewissheit suchen. Eine solche Sicherheit wird nicht am moralischen Verhalten gemessen (obwohl dies wichtig ist und nicht vernachlässigt werden darf). Die wichtigere Frage ist, ob wir in der Gnade weiterleben oder nicht. Wenn wir uns nur auf moralisches Verhalten konzentrieren, laufen wir Gefahr, einen gesetzlichen Anspruch zu haben, der nach außen hin gut aussieht, aber in Wirklichkeit Gottes Wahrheit ablehnt und sich von seinem Plan der Gnade entfernt. Eine wahre Heilsgewissheit entsteht dann, wenn wir beständig in Gottes Gnade weiterleben und erkennen, dass uns alle notwendigen Mittel zur Verfügung stehen, um den hohen moralischen Maßstab des christlichen Glaubens zu erfüllen.

Kapitel Elf

Gnade, die uns helfen wird

„Lasst uns deshalb zuversichtlich vor den Thron unseres gnädigen Gottes treten. Dort werden wir Barmherzigkeit empfangen und Gnade finden, die uns helfen wird, wenn wir sie brauchen!"
(Hebräer 4,16)

In den Kapiteln 4 und 5 der Offenbarung erlebt der Apostel Johannes erstaunliche Dinge; er wurde in den Himmel getragen und durfte dort den Thron Gottes sehen. Wenn man diese Kapitel liest und jedes Mal das Wort „*Thron*" unterstreicht, sieht man, dass Johannes vom Thron Gottes und dem Einen, der auf ihm sitzt, völlig eingenommen zu sein scheint. Alles andere im Himmel wird im Verhältnis zum Thron Gottes beschrieben. Eines Tages wird jeder Christ diesen Thron sehen, und es ist unmöglich, dieses Erlebnis diesseits der Ewigkeit angemessen zu beschreiben.

Vielleicht erhalten wir eine kleine Vorstellung davon, wie es wäre, wenn wir es mit einer Begegnung mit einem König oder einer Königin oder einer berühmten Persönlichkeit vergleichen. Stell dir deine Nervosität vor, wenn du einen prächtigen Palastkorridor entlanggehst und vor die Königin von England geführt wirst. Die meisten von uns wären so aufgeregt, dass wir dieses Ereignis kaum genießen könnten. Doch die Nervosität - das Gefühl der Ehrfurcht oder des Schreckens - wäre nichts im Vergleich zu dem, wie es sein wird, unseren großen König auf seinem himmlischen Thron zu sehen. Kein irdischer Vergleich kann das auch nur annähernd veranschaulichen.

Am ehesten können wir Gottes großen Thron verstehen, wenn wir sorgfältig und betend erforschen, was die Bibel dazu sagt. Im Alten Testament steht viel dazu.

- *Recht und Gerechtigkeit sind die starken Säulen deines Thrones.* (Psalm 89,15)
- *Gott sitzt auf seinem heiligen Thron.* (Psalm 47,9)
- *Lass nicht zu, dass du und der Tempel, dein herrlicher Thron, zum Gespött werden.* (Jeremia 14,21)

Aus diesen Versen können wir uns einen strahlend weißen Thron vorstellen, der voller Pracht ist, aber nicht unbedingt ein Ort, an dem wir willkommen sind. Die Jünger fielen Jesus mehrere Male zu seinen Füßen, als er ihnen einen kleinen Teil seiner Herrlichkeit zeigte. Wie können wir jemals vor dem König des Himmels stehen, der auf seinem heiligen und herrlichen Thron sitzt? Es ist fast so, als würden die weiß glühenden Strahlen seiner Heiligkeit und Herrlichkeit jeden verzehren, der in seine Gegenwart kommt.

Wir sollten dankbar dafür sein, dass uns der Brief an die Hebräer mehr über den Thron Gottes erzählt und uns einlädt - ja sogar *befiehlt* - zu diesem Thron zu kommen. Es ist ein Thron des heiligen Gerichts, aber es ist auch ein Thron der Gnade. Im Alten Testament wird der Thron Gottes so geschildert, dass wir uns lieber fernhalten möchten. Tatsächlich lehrten die damaligen jüdischen Rabbiner sogar, dass Gott *zwei* Throne habe - einen der Gnade und einen des Gerichts. Das behaupteten sie, weil sie wussten, dass Gott sowohl barmherzig als auch gerecht war, aber sie verstanden nicht, wie diese beiden Aspekte zu einem zusammengefasst werden konnten. Da dies unmöglich erschien, hatte Gott vielleicht zwei Throne, um die beiden Aspekte seines Charakters darzustellen. Auf dem einen Thron würde er Gericht halten und auf dem anderen seine Barmherzigkeit zeigen.

Glücklicherweise sehen wir von unserer Perspektive diesseits des Kreuzes, dass Barmherzigkeit und Gericht in einem *Thron der Gnade* vereint sind. Gottes Thron verwandelt sich nicht in einen Thron der Gnade, aber durch das Werk Jesu am Kreuz kann er nun als Thron der Gnade dargestellt werden und mit Gottes Gerechtigkeit, Gericht, Heiligkeit und Herrlichkeit im Einklang bleiben. Dies ist eine gewaltige Lektion, die uns zeigt, dass Gnade nicht einfach bedeutet, dass Gott über unsere Sünde hinwegsieht und sie einfach nicht mehr bestraft. Gnade ist vielmehr Gottes gerechtes Handeln in Anbetracht des Kreuzes. Alexander Maclaren hat seine Gedanken zur Bedeutung dieses Gnadenthrones in starke Worte gebracht:

> „Was auch immer sonst noch in der Gottheit sein mag, das vorherrschende souveräne Wesen Gottes ist die unverdiente Liebe und Barmherzigkeit für uns arme, unkundige, sündige Geschöpfe, die sich immer wieder über die ganze Welt ergießt. Gott ist König und das Königliche in Gott ist grenzenlose Gnade."[73]

Wenn wir also zu diesem Thron kommen, kommen wir, um unseren König zu ehren, aber wir kommen auch, um sein großartiges, königliches Geschenk zu empfangen: Wir werden „Gnade finden, die uns helfen wird, wenn wir sie brauchen" (Hebräer 4,16).

Hilfe!

Der Verfasser des Hebräerbriefes teilt uns mit, dass wir beim Thron der Gnade *Hilfe* finden, die wir wirklich nötig haben. Eines der traurigsten Wörter in der englischen Sprache ist „helpless" (hilflos), das jemanden beschreibt, der ohne Hilfe ist oder dem nicht geholfen werden kann. Es ist traurig, hilflos zu sein und es ist wunderbar, einen uneingeschränkten Zugang zum *Gnadenthron* zu haben, wo *wir die Gnade, die uns hilft, geschenkt bekommen*. Wenn wir verstehen, dass wir diese Hilfe brauchen, dass wir so hilflos sind wie eine Schildkröte auf dem Rücken, dann kommen wir an den Punkt, an dem wir etwas von diesem *Thron der Gnade* annehmen können. Vielleicht kommen wir durch traurige oder schmerzliche Umstände oder durch das innere Wirken des Heiligen Geistes an den Punkt, an dem wir wissen, dass wir Gott brauchen. Auf irgendeine Weise wird Gott uns von unserer Not überzeugen und wir können die *Gnade, die uns helfen wird*, in Anspruch nehmen.

Es ist wunderbar, dass wir in Zeiten der Not *Hilfe* vor Gottes Thron finden. Wir finden hier weder einen Rat noch Mitgefühl - oder schlimmer noch - ein Hilfsgremium; wir finden göttliche Hilfe in unserer Not. Gott weiß genau, wie er denen, die in Not sind, am besten helfen kann, und er liebt es, durch Gnade zu wirken, um diese Nöte zu stillen. Viele Menschen glauben, das Sprichwort: „Gott hilft denen, die sich selbst helfen", stünde in der Bibel, doch dort wirst du vergeblich danach suchen. Dieser Spruch wurde tatsächlich 1736 in Benjamin Franklins *Poor Richard's Almanack* (dt. Der Almanach des armen Richard[74]) veröffentlicht. Aus einer biblischen Perspektive sollte es aber eher lauten: „Gott hilft denen, die im Glauben zum Gnadenthron kommen, um dort die Gnade zu finden, die sie dringend brauchen."

Wenn wir Hilfe brauchen, brauchen wir sie zum richtigen Zeitpunkt. Hilfe zur falschen Zeit bringt nicht viel. Der Geldtransporter braucht den Sicherheitsdienst nicht *vor* oder *nach* dem Überfall, sondern zum richtigen Zeitpunkt. Der Verfasser des Hebräerbriefes machte deutlich, dass wir die Hilfe rechtzeitig erfahren werden. Der Ausdruck „rechtzeitige Hilfe" besagt genau das: Hilfe, die zur richtigen Zeit eintrifft. Glücklicherweise haben wir einen Gott, der treuer ist als der Sicherheitsdienst, die Bergwacht in den Alpen oder der Fernsehheld, der Woche für Woche im rechten Moment auftaucht. Gott weiß nicht nur, welche Art von Hilfe wir brauchen, sondern er weiß auch genau, *wann* wir sie brauchen. Die meisten von uns haben schon einmal auf Gott gewartet und waren enttäuscht, weil wir dachten, er hätte mit seiner Hilfe zu lange gewartet, nur um im Nachhinein festzustellen, dass sein Zeitpunkt doch genau richtig war.

Wir können uns darauf verlassen, dass die Hilfe, die Gott bietet, mehr als nur unsere Bedürfnisse stillen wird. Das, was er uns gibt, entspricht seinem unermesslichen Reichtum und seiner Herrlichkeit; seine Hilfe ist ebenso unermesslich groß. Wenn wir seine Unterstützung brauchen, ist er alles andere als geizig.

Es gibt die Geschichte eines kleinen Jungen, der mit seiner Mutter zum Einkaufen in den Laden an der Ecke ging. Der Lebensmittelhändler wollte nett zu der Familie sein und bot dem Jungen an, sich eine Handvoll Kirschen zu nehmen. Doch der Junge wirkte zögerlich.

„Magst du keine Kirschen?", fragte der Verkäufer.

„Doch, sicher!", antwortete der Junge.

Also griff der Verkäufer selbst eine große Handvoll Kirschen und schüttete sie in die ausgestreckten Hände des Jungen. Später fragte ihn seine Mutter, warum er sich nicht selbst etwas von den Kirschen genommen habe.

Er antwortete sofort: „Weil seine Hände größer sind als meine!"

Wenn wir Gott um Hilfe bitten, bemisst er diese Hilfe nach *seiner* Herrlichkeit und Majestät. Er gibt, weil er das so will. Er ist ein großer Gott, der es liebt, denen, die ihn bitten und ihm vertrauen, große Geschenke zu machen.

Was hilft uns in Zeiten der Not? Die Gnade Gottes. Die Gnade, die Gott schenkt, hilft auf ganz bestimmte Weise. Sie ist kein geheimnisvolles Pflaster, das Gott uns gibt, wenn es uns schlecht geht. Obwohl wir die Fülle der Hilfe aus Gnade nicht aufzählen oder beschreiben können, nennt das Neue Testament einige praktische Dinge, zu denen uns Gnade verhilft. Aber bevor wir anfangen diese aufzuzählen, müssen wir uns noch einmal daran erinnern, was Gnade ist: Sie ist die unverdiente Liebe und Gunst Gottes, die er über alle ausgießt, die durch den Glauben an seinen Sohn zu ihm kommen.

Wie uns die Gnade hilft

Einer der wichtigsten Aspekte der Gnade ist, dass sie uns hilft, Gott zu gehorchen. Wie wir bereits gesehen haben, sagt Paulus, dass wir die Gnade empfangen, damit wir gehorchen:

> „Durch Christus hat Gott uns das Vorrecht [die Gnade] und das Amt gegeben, in seinem Namen den Völkern auf der ganzen Welt weiterzusagen, was Gott für sie getan hat, damit sie an ihn

glauben und ihm gehorchen und so sein Name geehrt wird." (Römer 1,5)

Wir *brauchen* Hilfe, um gehorsame Christen zu sein. Es ist nie leicht, auf Dauer gehorsam zu sein und wer in diesem Bereich gerade Probleme hat, weiß, dass er jede Hilfe gebrauchen kann. Die Gnade hilft uns in mehrfacher Hinsicht. Sie hilft uns zu gehorchen, indem sie unseren Blick von uns weg und zurück auf Jesus lenkt. Durch die Gnade erkennen wir, dass es nichts in uns gibt, womit wir uns Gottes Gunst verdienen könnten und wir wissen, dass unsere Hoffnungen und Erwartungen auf Jesus gerichtet sein müssen und nicht auf uns selbst. Die Gnade hilft uns auch zu gehorchen, weil sie unsere Motivation zum Gehorsam verändert. Durch die Gnade durften wir erkennen, dass wir uns Gottes Gunst und Anerkennung nicht verdienen müssen, also gehorchen wir aus Dankbarkeit und nicht, um eine Schuld zu begleichen.

Die Gnade bringt uns außerdem bei, wie wir Gott gefallen können - und wie wir ihm aus den richtigen Gründen gefallen können:

> „Denn die Gnade Gottes, die allen Menschen Rettung bringt, ist sichtbar geworden. Sie bringt uns dazu, dem Leben ohne Gott und allen sündigen Leidenschaften den Rücken zu kehren. Jetzt, in dieser Welt, sollen wir besonnen, gerecht und voller Hingabe an Gott leben." (Titus 2,11-12)

Wenn wir Gott wirklich durch unseren Gehorsam gefallen möchten, sollten wir uns in seiner Schule der Gnade einschreiben und es der Gnade erlauben, uns beizubringen, wie wir ihm gehorchen können. Denke daran, dass dieselbe Gnade, die uns die Erlösung schenkt, uns gleichzeitig lehrt, gottgefällig zu leben. Wir können die Rettung durch Gnade nicht ohne die Lehre der Gnade empfangen, die uns beibringt, gehorsam zu sein.

Ein weiterer Bereich, in dem uns die Gnade hilft, ist in der Anbetung. Paulus war der Meinung, dass ein Herz voller Gnade ein wichtiger Bestandteil der Anbetung ist, durch die Gott verherrlicht wird:

> „Gebt den Worten von Christus viel Raum in euren Herzen. Gebraucht seine Worte weise, um einander zu lehren und zu ermahnen. Singt, von Gnade erfüllt, aus ganzem Herzen Psalmen, Lobgesänge und geistliche Lieder für Gott."
> (Kolosser 3,16)

Anbetung kann man lernen. Je größer unsere Dankbarkeit für Gott und sein Gnadengeschenk, umso intensiver können wir ihn anbeten. Wenn wir nichts vom Wesen und Wirken der Gnade wissen, können wir nicht gebührend anbeten. Wenn wir Gnade erfahren haben, wird das unsere Anbetung grundlegend beeinflussen und uns ehrfurchtsvolle Dankbarkeit vor Gott schenken. Gläubige, die in der Gnade leben, können Gott uneingeschränkt anbeten, weil sie ihren Blick ganz auf Jesus und nicht auf sich selbst ausrichten.

Ein Bereich, in dem wir oft die Hilfe der Gnade brauchen, ist unsere Art zu reden. Es passiert sehr leicht, dass wir Dinge sagen, die andere herunterziehen und nicht aufbauen. Sarkastische, kritische und respektlose Worte gehen uns scheinbar leicht von der Zunge. Doch im Neuen Testament heißt es, dass Gottes Gnade uns dazu verhilft, so zu reden, dass wir ihm die Ehre geben:

> „Euer Wort sei allezeit in Gnade, mit Salz gewürzt, damit ihr wisst, wie ihr jedem Einzelnen antworten sollt." (Kolosser 4,6 SLT)

Wenn wir wirklich Gottes Gnade empfangen haben, können wir gar nicht anders, als anderen Gottes unverdiente Liebe und Gunst weiterzugeben. Mit dem, was wir anderen sagen, können wir ein Sprachrohr der unverdienten Gunst Gottes sein. Wird unsere Wortwahl anderen Menschen zeigen, dass wir sie bedingungslos lieben und akzeptieren oder werden wir sagen (oder durchblicken lassen), dass unsere Liebe von ihrem Verhalten abhängig ist? Wenn unsere Worte mit Gnade gewürzt sind, werden wir den Wunsch und die Fähigkeit haben, tröstende, ermutigende und stärkende

Worte zu sprechen. Wir bauen Menschen auf, anstatt sie mit unseren Worten zu zerstören.

Die Gnade hilft uns auch in anderen Situationen, das zu sagen, was wir sagen sollten. Wenn wir die Gelegenheit haben, für unseren Glauben einzutreten, kann die Gnade uns helfen, so zu sprechen, wie wir es sollten, und wir können sicher sein, dass Gott hinter uns steht. Deshalb können wir uns frei äußern, ohne um die Anerkennung der Menschen zu buhlen. Wir haben die Freiheit, die Wahrheit in Liebe auszusprechen, denn selbst, wenn andere uns ablehnen, können wir wissen, dass Gott auf unserer Seite ist.

In Hebräer 12,28 lesen wir, dass wir dank der Gnade Gott auf eine Art dienen können, die ihm Freude macht:

> „Da wir also ein Reich empfangen, das nicht zerstört werden kann, wollen wir dankbar sein und Gott Freude machen, indem wir ihn in Ehrfurcht vor seiner Heiligkeit anbeten!"

Die Gnade hilft uns vor allem, Gott mit der richtigen Motivation zu dienen. In der Gnade nehmen wir Gottes Gerechtigkeit wahr und dienen ihm aus Dankbarkeit, anstatt uns für die guten Dinge zu rühmen, die wir für ihn tun. Wenn wir Gott dienen, um uns seine Gunst zu verdienen, hat er keine Freude daran. Es ist auch falsch, Dinge für Gott zu tun, weil wir denken, er sei dann verpflichtet sei, etwas für uns zu tun. Diese Haltung ist eine Beleidigung für Gottes Wahrheit und Herrlichkeit. Wenn wir glauben, ihn durch unseren Dienst in die Pflicht nehmen zu können, ist unser Dienst in seinen Augen inakzeptabel.

Paulus hatte die richtige Perspektive in seinem Dienst für Gott. Er wusste, dass sein Dienst nur durch Gottes Gnade möglich war:

> „... Gott hat mich zum Diener dieser Botschaft gemacht, indem er mir mit seiner großen Kraft die Gnade dazu geschenkt hat. Obwohl ich der Geringste unter denen bin, die zu Christus gehören, hat Gott mich ausgesucht, um den anderen Völkern von dem großen Reichtum zu erzählen, der ihnen in Christus offen steht."
> (Epheser 3,7-8)

Wie auch immer du im Reich Gottes dienst (und wir alle sind dazu berufen, Gott auf die eine oder andere Weise zu dienen), solltest du sicherstellen, dass Gottes Gnade dich dazu motiviert und ausrüstet. Wenn die Gnade nicht die treibende Kraft in dem ist, was du für Gott tust, hat er kein Interesse daran.

Die Gnade hilft uns dabei, Menschen zu werden, die gerne geben. Vielen Christen fällt es leicht, Jesus Herr über jeden Bereich ihres Lebens sein zu lassen - *außer* über die Finanzen. Selten fällt es uns leicht, unser finanzielles Leben Jesus zu überlassen, und wir müssen von der Gnade angeleitet und gestärkt werden, damit wir lernen können, fröhlich zu geben:

> „Sodass wir Titus zuredeten, dieses Liebeswerk, wie er es angefangen hatte, nun auch bei euch zu vollenden. Aber wie ihr in allem reich seid, im Glauben, im Wort, in der Erkenntnis und in allem Eifer sowie in der Liebe, die ihr zu uns habt, so möge auch dieses Liebeswerk bei euch reichlich ausfallen! (...) Gott aber ist mächtig, euch jede Gnade im Überfluss zu spenden, so dass ihr in allem allezeit alle Genüge habt und überreich seid zu jedem guten Werk." (2.Korinther 8,6-7 und 9,8; SLT)

Die Gnade, von der Paulus hier in diesem Abschnitt spricht, ist die Gnade, die uns dazu bringt, gerne zu geben. Paulus ermutigte die Christen in Korinth dazu, großzügig für die armen und hungernden Christen in Jerusalem zu spenden. Schließlich waren sie reich an Glauben, Rede, Wissen, Fleiß und Liebe; jetzt war es an der Zeit, dass sie auch reich im Geben wurden.

Durch die Gnade lernen wir, mit der richtigen Einstellung zu geben. Als Jesus über die Witwe sprach, die ihre zwei Scherflein in den Opferkasten legte, wies er darauf hin, dass es Gott nicht wichtig ist, wieviel wir geben, sondern mit welcher Einstellung. Wir können nur dann mit dem richtigen Herzen geben, wenn wir erkennen, dass das Geben ein Werk der Gnade ist. Das gilt für jede Form des Gebens, nicht nur für Finanzen.

Das Opfer, das Jesus für uns am Kreuz gebracht hat, verdeutlicht seine wunderbare Gnade für den Menschen, weil er alles gab, was er hatte und was er war. Er war bereit, für die, die es annehmen wollten, alles zu geben. Wenn wir seine Gnade empfangen und verstanden haben, können wir nicht anders, als selbst zum fröhlichen Geber zu werden. Der Geizige befürchtet, dass er zu viel geben könnte, aber der von Gnade erfüllte Mensch weiß, dass er dank der Gnade Gott niemals im Geben überbieten kann. Gottes Gnade, die er in Christus erwiesen hat, zeigt, dass er der größte Geber ist. Das Ausmaß an Gnade, das Gott uns in Christus erweist, zeigt, dass es keinen größeren Geber als ihn gibt.

Bemerkenswert ist auch, dass Gottes Gnade dafür sorgt, dass wir innerlich stark werden. Der Verfasser des Hebräerbriefes schreibt dazu:

> „Lasst euch daher nicht von seltsamen, neuen Lehren verwirren. Durch die Gnade Gottes werdet ihr innerlich stark ... " (Hebräer 13,9)

Da häufig falsche Lehren ihr Unwesen in der Gemeinde treiben, ist es umso wichtiger, dass wir innerlich stark werden. Paulus warnt:

> „Denn es kommt eine Zeit, in der die Menschen nicht mehr auf die gesunde Lehre hören werden. Sie werden sich von ihren eigenen Wünschen leiten lassen und immer wieder nach Lehrern Ausschau halten, die ihnen sagen, was sie gern hören wollen." (2. Timotheus 4,3-4)

Es fühlt sich auf jeden Fall so an, als wäre diese Zeit jetzt gekommen und es ist ganz erstaunlich, mit welcher Geschwindigkeit sich Irrlehren mithilfe der globalen Kommunikation in der ganzen Welt ausbreiten. Aber wenn wir durch Gottes Gnade innerlich stark werden, werden wir uns weniger von unseren eigenen Wünschen leiten lassen und nicht nach Lehrern Ausschau halten, die uns sagen, was wir gern hören wollen. Wenn die Gnade im Leben eines Gläubigen so umgesetzt wird, wie es in der Bibel steht, hat sie die wunderbare Fähigkeit, den Gläubigen innerlich stark zu machen. Wer zu Gott auf der Grundlage der Gnade (im Gegensatz zu der des Gesetzes) kommt, spürt großen Frieden und weiß, dass man sich die Rettung und den Segen nicht verdienen kann, sondern dass sie dem, der aufrichtig glaubt, geschenkt werden.

Wenn wir ein Leben in der Gnade führen, folgt daraus, dass wir auf dem richtigen Weg bleiben und uns nicht von „seltsamen, neuen Lehren" verwirren zu lassen. Gottes unverdiente Gnade zu verstehen führt auch dazu, dass wir in der Lage sind, fremde Lehren zu prüfen, weil solche Glaubenssätze oft die biblische Wahrheit zur Gnade ablehnen. Es gibt z.B. einige falsche Lehren, die uns glauben lassen wollen, die Rettung sei das Ergebnis von Werken *und* Gnade, und dass wir so hart wie nur möglich für unsere Rettung arbeiten müssen und die Gnade das, was noch fehlt, irgendwie ausgleicht. Das stimmt nicht! Die Rettung geschieht *allein aus* Gnade und wir wurden gerettet, um gute Werke zu vollbringen und nicht *durch* gute Werke, die wir bereits vollbracht haben. Andere verkünden eine Pseudo-Gnade: Eine Gnade, die nicht dazu führt, dass wir Gott gehorchen wollen und die uns auch nicht beibringt, ein gottgefälliges Leben zu führen. Noch einmal: Wir wissen, dass dort, wo wahre Gnade ein Leben beherrscht, die Gerechtigkeit dominiert. Manche deuten in ihren Lehren an, Gott schenke dem Gläubigen seine Gunst, weil er dazu verpflichtet sei, doch sie leugnen dadurch, dass er uns seine Gnade schenkt, weil Jesus den Preis dafür bezahlt hat. Die Gnade hilft uns dabei, unsere Herzen zu festigen, denn falsche Lehren kann man auch daran erkennen, was sie über die Gnade sagen.

Wenn man diese Hilfe nicht zulässt

Leider lehnen manche Menschen die Hilfe ab, die Gott durch seine Gnade anbietet. Doch das ist sehr gefährlich ist. Im Neuen Testament finden wir viele Bereiche, in denen die Gnade uns dort hilft, wo wir sie brauchen:

- Sie hilft uns, Gott zu gehorchen (Römer 1,5)
- Sie hilft uns, Gott von ganzem Herzen anzubeten (Kolosser 3,16)
- Sie hilft uns, freundlich und klar zu reden (Kolosser 4,6)

- Sie hilft uns, Gott so zu dienen, dass es ihm Freude macht (Hebräer 12,28 SLT)
- Sie hilft uns zu geben (2. Korinther 8,6-7 und 9,8)
- Sie hilft uns, in der Wahrheit gefestigt zu sein (Hebräer 13,9)

Der angeschlagene, ausgebrannte Christ lehnt die Hilfe der Gnade oft ab und vertraut auf seine eigenen Fähigkeiten, um das zu tun, wobei Gott ihm helfen will. Manchmal führt dieses Vertrauen auf die eigene Kraft zu vorübergehendem und äußerlichem Erfolg, aber für das Leben als Christ ist es auf lange Sicht gesehen nutzlos. Denke daran: Wer von sich selbst enttäuscht ist, hat auf sich selbst vertraut und wer hilflos ist, kommt nicht zum Thron der Gnade, um Hilfe zu finden. Viele Menschen wollen alles richtig machen und haben dabei die besten Absichten, aber sie schauen dabei nur auf sich selbst und ihre eigene Kraft. Solche Menschen müssen besonders dringend verstehen, was Gnade ist und wie sie ihnen helfen kann.

Vor seinem Thron

Manche Menschen füllt der Gedanke, vor den Thron Gottes zu treten, mit Unbehagen. Sie leben Tag für Tag, ohne genau zu wissen, ob sie von Gott ganz und gar angenommen sind oder nicht. Sie ziehen es vor, nicht über die Wiederkunft Jesu nachzudenken, weil sie sich nicht sicher sind, wie sie von ihm empfangen werden. Aber das Wort Gottes zeigt ganz deutlich, dass wir heute und an jedem weiteren Tag dieses Lebens vor den Thron der Gnade treten *können*. Wenn wir in diesem Leben die Gnade durch den Glauben an Jesus empfangen haben, können wir diese Gnade auch in dem zukünftigen Zeitalter genießen.

Wenn wir Jesus Christus und seinen Plan der Erlösung durch Gnade ablehnen, müssen wir vor dem großen weißen Thron des Gerichts Rechenschaft ablegen. Der Apostel Johannes schreibt dazu:

> „Und ich sah einen großen weißen Thron und den, der darauf sitzt. Die Erde und der Himmel flohen

vor seiner Gegenwart, aber sie fanden keinen Ort, um sich zu verbergen. Ich sah die Toten, die großen und die kleinen, vor Gottes Thron stehen. Und es wurden Bücher aufgeschlagen, darunter auch das Buch des Lebens. Und die Toten wurden nach dem gerichtet, was in den Büchern über sie geschrieben stand, nach dem, was sie getan hatten." (Offenbarung 20,11-12)

Wir dürfen uns jetzt aussuchen, vor welchen Thron wir treten wollen. Eigentlich gibt es nur einen Thron, aber es liegt an uns, ob wir als Rebellen kommen, die Gottes Verurteilung verdient haben oder als Diener, die seine Gnade empfangen. Und: „Wie können wir da meinen, wir könnten davonkommen, wenn wir der Botschaft von unserer Rettung gegenüber gleichgültig bleiben, die durch Jesus, den Herrn, selbst verkündet wurde" (Hebräer 2,3).

Es ist gut, an den Tag zu denken, an dem wir tatsächlich vor dem gewaltigen Thron Gottes stehen werden. Wenn wir an diesen Tag denken, sollten wir dankbar dafür sein, dass es ein Thron der Gnade und der Gunst ist, die Gott allen schenkt, die von ganzem Herzen an Jesus Christus glauben. Wenn wir Jesus sagen hören: „Gut gemacht, mein guter und treuer Diener. Du bist mit diesem kleinen Betrag zuverlässig umgegangen, deshalb will ich dir größere Verantwortung übertragen. Lass uns miteinander feiern!" (Matthäus 25,23), sollten wir uns bewusst machen, dass es allein seine Gnade war, die uns zu diesem Diener gemacht hat. Wir ruhen in dem Wissen, dass alles, was nicht aus Gnade geschieht, verbrennen wird und diese Asche wird vor seinem Gnadenthron wertlos sein. Bei der Suche nach der Hilfe, die wir für unser christliches Leben brauchen, sollten wir nach dem Motto leben: „Es ist alles reine Gnade, und die Gnade ist für alle da."

Kapitel Zwölf

Die Gnade und der Stolz

Gott stellt sich den Stolzen entgegen, den Demütigen aber schenkt er Gnade.
(1. Petrus 5,5)

Gott stellt sich den Stolzen entgegen; das ist eine Tatsache, die uns in der Bibel immer wieder begegnet. Als Israel unbedingt einen König haben wollte, erwählte Gott Saul, der ein sehr bescheidener Mann war. Doch sein Herz wurde schnell stolz und er lehnte sich gegen Gott und dessen Wort auf. Kurz darauf nahm der Herr Saul das Königreich weg und übergab es einem demütigen Hirten namens David.

Gott demütigte auch König Nebukadnezar von Babylon, als der König stolz wurde. Auf dem Höhepunkt von Nebukadnezars königlicher Herrlichkeit und Pracht schlug Gott ihn mit Wahnsinn, bis er von seinem Stolz abließ und dem Gott des Himmels die Ehre gab. Auch Jesus hat in seiner Zeit auf der Erde häufig den Stolz der Menschen konfrontiert. Die stärkste Zurechtweisung richtete er nicht an Ehebrecher oder Trunkenbolde, sondern an die selbstgerechten und stolzen religiösen Menschen seiner Zeit.

Es lohnt sich, nach dem Warum zu fragen. Warum ist Stolz eine so große Sünde? Warum wendet sich Gott gegen den Stolz und wird durch die Demut des Menschen geehrt? In seinem

Buch „*Pardon, ich bin Christ*" erläutert C.S. Lewis einen Teil der Antwort:

> „Nach Ansicht christlicher Gelehrter ist das Hauptlaster, das größte Übel, der Stolz. Unkeuschheit, Zorn, Habgier, Trunkenheit und all das sind im Vergleich dazu nur Kleinigkeiten. Durch Stolz wurde der Teufel zum Teufel: Stolz führt zu jedem anderen Laster. Er ist die totale Gottfeindlichkeit des Geistes."[75]

Dann erklärt Lewis die Gefährlichkeit des Stolzes:

> „Die anderen, weniger schlimmen Laster kommen daher, dass der Teufel durch unsere animalische Natur auf uns einwirkt. Dieses Laster hingegen hat überhaupt nichts mit unserer animalischen Natur zu tun. Es kommt direkt aus der Hölle. Es ist rein spirituell und deshalb viel subtiler und tödlicher."[76]

Die Lieblingsstrategie des Teufels ist die, uns in stolze und religiöse Menschen zu verwandeln, die keine echte Beziehung zu Jesus haben. Er versucht, in uns die Haltung des Pharisäers aus dem Gleichnis aus Lukas 18,9-14 zu erzeugen: „Ich danke dir, Gott, dass ich kein Sünder bin wie die anderen Menschen", und uns von der Haltung des Zöllners abzubringen, der sagte: „O Gott, sei mir gnädig, denn ich bin ein Sünder." Der Teufel schätzt einen stolzen Heiligen mehr als eine ganze Schar elender Sünder. Wenn er einen Gläubigen sieht, der im Stolz wandelt, kann er sagen: „Da ist jemand wie ich! Er ist sich der geistlichen Dinge bewusst, aber er ist vom Krebsgeschwür des Stolzes befallen."

Obwohl Satans großes Werk darin besteht, uns in stolze religiöse Menschen zu verwandeln, hat Gott einen ganz anderen Plan für uns. Es ist Satans teuflisches Ziel, uns nach seinem eigenen höllischen Ebenbild neu zu erschaffen; doch es ist Gottes großer Plan, sein Ebenbild in uns vollständig wiederherzustellen. Und Gott hat einen besonderen Weg festgelegt, um dieses Werk der Wiederherstellung zu beginnen und zu vollenden. *Gnade* ist die große Waffe, die Gott einsetzt, um seinen Plan durchzusetzen;

Die Gnade und der Stolz

Stolz ist das wichtigste Werkzeug des Teufels für sein zerstörerisches Werk. Wenn wir die Gnade verstehen, können wir uns gegen die raffinierte Strategie des Teufels wehren, mit der er darauf abzielt, unseren Stolz zu schüren.

Wie wir die Gnade bekommen

Gottes Gunst ist kostbar. Wie hoch diese Gunst zu seiner Zeit geschätzt wurde, drückt das Wort aus, das Paulus in der altgriechischen Sprache für Gunst verwendet. Zu der Zeit, als Paulus seine Briefe schrieb, wurde mit dem Wort Gnade (charis) die kaiserliche Gunst bezeichnet, mit der die Städte und Menschen des Römischen Reiches beschenkt wurden.[77] Wenn der Kaiser dir gegenüber charis war, hast du einen Status und ein Privileg genossen, das die Menschen außerhalb der kaiserlichen Gnade nicht kannten. Diese Gnade zu empfangen bedeutete, dass du (oder deine Stadt) vom römischen Kaiser in besonderer Weise geschätzt wurdest. Aber die Gunst Gottes ist viel größer als die Wertschätzung eines menschlichen Herrschers. Wenn du zu denen gehörst, die die Gnade Gottes empfangen haben, bedeutet das, dass du ihm sehr wichtig bist; er betrachtet dich als einen seiner besten Freunde.

Aber wie können wir diese Gunst vor Gott erlangen? Es kann helfen, zu verstehen, wie wir die Gunst anderer gewinnen. Kinder, die das starke Bedürfnis haben, angenommen zu werden, lernen schon früh, was nötig ist, um die Anerkennung der Eltern zu erhalten. Sie erkennen schnell, für welches Verhalten man in der Schule gelobt oder getadelt wird. Wir alle lernen, dass wir gut sein müssen, um die Gunst des Lehrers zu gewinnen. Wir finden heraus, was der Lehrer von uns erwartet, damit er uns die Note gibt, die wir anstreben und wir machen uns daran, diese Anforderungen zu erfüllen.

Später finden wir dann heraus, dass man den Wahlkampf eines Politikers mit einer großzügigen Spende unterstützen muss, damit er für unsere Interessen eintreten kann. Um die Gunst von jemandem zu gewinnen, der beliebt ist, müssen wir Dinge tun, um diese Person noch beliebter zu machen. All diese Methoden funktionieren, um die Gunst eines Menschen zu erlangen, doch bei Gott funktioniert keine von ihnen. Wir können Gottes Gnade nicht durch unsere guten Taten erlangen und wenn wir auch noch soviel Geld für sein Werk gäben, würden wir dadurch nicht seine Anerkennung gewinnen. Es stimmt, dass wir die Gunst anderer durch Lob und Schmeicheleien gewinnen können, aber obwohl Gott unsere Ehre und Anbetung zusteht, kann uns auch der schönste Lobpreis nicht den besonderen Status vor Gott verschaffen, den allein Gnade geben kann. Und so fragen wir: „Wie können wir diese Gnade bekommen?"

Theologen debattieren über die richtige Antwort. Die römisch-katholische Kirche lehrt, dass die Gnade durch das Einhalten und Befolgen der katholischen Lehre erlangt wird - dass also die römisch-katholische Kirche eine Art „Gnadenbank" ist. Sie glauben, dass die großen Heiligen im Verlauf der letzten Jahrhunderte so gut waren, dass sie Gnade empfingen, die sie nicht brauchten und diesen „Überschuss" an Gnade in der „Gnadenbank" einzahlten. Wir können diese Gnade „abheben", indem wir verschiedene Sakramente empfangen. Thomas Torrance erklärt, wie die römisch-katholische Kirche die oben genannte Frage beantwortet:

> „Die Kirche als Leib Christi wurde als Aufbewahrungsort der pneumatischen [spirituellen] Gnade angesehen, die nach dem Vorbild der mystischen Religionen in Form von Sakramenten ausgeteilt werden konnte. Mit anderen Worten: Die Kirche verfügte über das Mittel der Gnade."[78]

Die Idee, die Kirche als „Gnadenbank" anzusehen, entstand bereits in der frühen christlichen Theologie. Ignatius (der im Zeitraum zwischen 98 und 117 n. Chr. starb) war zum Beispiel der Meinung, dass die Gnade und ihre Verteilung vor allem durch die Bischöfe der Kirche verwaltet wird. Später ging man davon aus, dass der Priester oder Bischof bei der „Gnadenbank" wie ein Kassenwart fungierte. Durch die Sakramente, die er den Menschen erteilte, wurde die „angesparte" Gnade der Heiligen den gewöhnlichen Männern und Frauen zugänglich gemacht. Nach römisch-katholischer Auffassung erhält man die Gnade also durch die Kirche, indem man die Sakramente empfängt.

Diese Denkweise ist nachvollziehbar. Schließlich sind da einige Heilige, die scheinbar so viel Gnade verdienten und bekamen, dass sie sie gar nicht ganz nutzen konnten, während andere zu wenig Gnade verdient bzw. empfangen haben. Man glaubte, dass es den gottesfürchtigen Heiligen nichts ausmachen würde, ihre überschüssige Gnade mit denen zu teilen, die sie brauchten. Diese Ansicht zum Empfang von Gnade widerspricht jedoch der Lehre des Neuen Testaments. Die Bibel lehrt, dass die Gnade ein Geschenk ist, das der Gläubige direkt von Jesus bekommt - ohne den Umweg über die Kirche, die Priester oder Sakramente. Paulus schrieb z.B. den Korinthern:

> „Ich kann gar nicht aufhören, Gott für die Gnade zu danken, die euch durch Jesus Christus gegeben ist." (1. Korinther 1,4)

Wenn wir an die Zeit denken, in der Jesus als Mensch hier auf der Erde das Reich Gottes verkündet hat, sehen wir, dass er unaufhörlich Gnade weitergegeben hat. Jesus schenkte denen, die im Glauben zu ihm kamen, immer wieder seine Gunst und sein Wohlwollen, unabhängig davon, ob sie es verdient hatten oder nicht. Christus setzt dieses Werk auch heute fort, indem er denen, die glauben, großzügig Gnade schenkt. Paulus lässt dieses Thema in seinen Briefen immer wieder anklingen:

- „Durch welchen [Jesus] wir Gnade empfangen haben…" (Römer 1,5 SLT)
- „Christus hat uns durch den Glauben ein Leben aus Gottes Gnade geschenkt, in der wir uns befinden…" (Römer 5,2)
- „Er hat uns mit Gnade überhäuft..." (Epheser 1,8)

Thomas Torrance erklärt, dass die Kirche mit ihrer Lehre von der Gnade in die Irre ging, als sie den Empfang der Gnade von der Person Jesu abtrennte, und dass sich dieser Fehler schon früh in der Geschichte der Kirche einschlich. Die Menschen waren sich der Heiligkeit und Vollkommenheit Jesu so bewusst, dass es ihnen schwerfiel zu glauben, sie könnten direkt zu Christus kommen, um diese kostbare und unverdiente Gunst zu erhalten.[79]

Da Jesus uns lehrt, dass wir durch ihn direkt zum Vater kommen können (Johannes 14,6), müssen wir uns vor der Vorstellung hüten, dass wir einen anderen Vermittler brauchen, um seine Annahme und Zustimmung zu bekommen. Im Neuen Testament steht an keiner Stelle, dass ein Gläubiger durch jemand anderen als Jesus seine Gnade erhalten kann.

Wer möchte Gnade haben?

Angesichts dieses wunderbaren direkten Zugangs zu Gottes Gunst, der jedem offensteht, könnten wir uns fragen, warum die Menschen nicht Schlange stehen, um Gottes Gnade zu empfangen. Was wäre, wenn der Präsident im Weißen Haus die folgende Ankündigung machen würde: „Jeder, der am nächsten Mittwoch um 12:00 Uhr zum Weißen Haus kommt, wird als besonderer Freund des Präsidenten der Vereinigten Staaten angesehen." Manchen Menschen wäre das sicherlich egal, aber natürlich würde sich am Weißen Haus eine kilometerlange Schlange bilden. Viele würden von diesem Angebot Gebrauch machen wollen. Aber warum gehen die Menschen nicht genauso auf Gottes Angebot ein?

Die Antwort hat mit einer besonderen Eigenschaft der Person zu tun, die die Gnade Gottes sucht und findet. Die Heilige Schrift besagt klar und deutlich, dass man die Gnade nur in Demut empfangen kann.

> „Gott stellt sich den Stolzen entgegen, den Demütigen aber schenkt er Gnade." (1. Petrus 5,5; Jakobus 4,6. Beide zitieren den Grundgedanken aus Sprüche 3,34.)

Diese deutliche Formulierung zum Empfang von Gottes Gnade findet sich dreimal in der Bibel. Der Heilige Geist wiederholt sich aus gutem Grund. Natürlich treffen wir hier auf eine ganz besondere Wahrheit, die Gott auch als solche betonen wollte und deshalb hat er sie dreimal aufgeschrieben! Im Grunde geht es bei dieser Wahrheit nur um eins: *Stolze Menschen nehmen die Gnade nicht an, weil die Gnade keine Form von Verdienst oder Leistung gelten lässt, die Menschen meinen, vorweisen zu können.* Denke daran, dass die Gnade eine *unverdiente* Gunst ist, die dem Empfänger geschenkt wird ohne seine Leistung in Betracht zu ziehen. Stolze Menschen können nichts mit einem System anfangen, das nicht berücksichtigt, wie wunderbar sie sind. Also lehnen sie die Gnade ab, was dazu führt, dass sie wiederum von Gott abgelehnt werden. Gnade und Stolz sind unversöhnliche Feinde, denn der Stolz verlangt, dass seine Verdienste gewürdigt werden und die Gnade weigert sich, diese Verdienste zu berücksichtigen.

Auf der anderen Seite wissen die Demütigen um ihre eigene Unwürdigkeit und ihre völlige Unfähigkeit, sich würdig zu erweisen, dennoch werden sie von einem anderen Prinzip gesegnet, das nicht bei ihnen liegt. Das sind die Menschen, die sagen: „O Gott, sei mir Sünder gnädig", weil ihnen bewusst ist, dass Gott ihnen nur eines schuldig ist: nämlich das Gericht. Wenn sie in dieser Demut zu Gott kommen, stellen sie fest, dass seine Gunst bereits auf sie wartet und er sie mit offenen Armen empfängt. Alle, die zu Gott kommen wollen, müssen ehrlich anerkennen, dass sie unwürdig sind.

Wir *verdienen* uns die Gnade nicht durch unsere Demut. Es ist vielmehr so, dass der Demütige Gottes Gnade, die uns in Jesus frei gegeben wird, ganz selbstverständlich empfängt. Der Stolz ist ein Beweis dafür, dass wir mit Gottes Konzept der Gnade grundsätzlich nicht einverstanden sind, denn Gnade basiert nicht auf Leistung und Verdienst. Mit unserer Demut zeigen wir, dass wir mit diesem Plan einverstanden sind und sowohl unsere Unwürdigkeit als auch Gottes Größe anerkennen.

Den Stolz zurückhalten

Wir wissen, dass nur die Menschen, die ihren Stolz ablegen, über den Weg der Gnade zu Gott kommen wollen. Aber es ist auch wichtig zu erkennen, dass ein Leben in der Gnade die gefährliche Infektion des Stolzes im Leben des Christen eindämmt. Wenn wir die Gnade verstehen, können wir nicht stolz auf unsere Rettung sein. Wie Paulus schrieb:

> „Weil Gott so gnädig ist, hat er euch durch den Glauben gerettet. Und das ist nicht euer eigener

Verdienst; es ist ein Geschenk Gottes. Ihr werdet also nicht aufgrund eurer guten Taten gerettet, damit sich niemand etwas darauf einbilden kann." (Epheser 2,8-9)

Wenn wir also wissen, dass der Grund für unsere Rettung und die Tatsache, dass wir vor Gott treten dürfen, reine Gnade und nicht die Summe unsere Werke ist, wie können wir da stolz sein? Was haben wir zu rühmen? Wir verdanken das alles der Gnade und Güte Gottes. Daher bedeutet stolz zu sein, blind zu sein, denn wir können nicht aus uns selbst heraus vor Gott bestehen und uns nicht auf uns selbst berufen; wir können uns nur mit Jesus rühmen. So hat Gott es eingerichtet, um die Menschen zur Demut zu bewegen, denn für sie ist es leicht, sich selbst zu rühmen.

Gott hat die Welt so erschaffen, dass der Mensch bei ihrem Anblick erkennt, wie gering er doch ist. Diese Absicht ist nicht an dem Psalmisten vorbeigegangen:

„Wenn ich den Himmel betrachte und das Werk deiner Hände sehe - den Mond und die Sterne, die du an ihren Platz gestellt hast - wie klein und unbedeutend ist da der Mensch und doch denkst du an ihn und sorgst für ihn!" (Psalm 8,4-5)

Wenn Gottes Schöpfung der Natur uns Demut beibringen sollte, wie viel demütiger sollten wir dann durch das neue Schöpfungswerk, das Gott im Leben der Gläubigen tut, sein? Wer in Jesus ist, ist eine neue Schöpfung und diese Erkenntnis wird eine neue Kreatur hervorbringen, die sich nicht ihrer eigenen Werke und Verdienste rühmt.

Gläubige, die gelegentlich in Stolz und Prahlerei verfallen, müssen die Engel, die vom Himmel herabschauen, in großes Erstaunen versetzen. Sie fragen sich bestimmt: „Worauf können sie so stolz sein? Erkennen sie denn nicht, dass das allein durch Gottes Gnade bewirkt wurde?" Und was ist mit denen, die regelmäßig Stolz und Prahlerei an den Tag legen? So zu leben steht im Widerspruch zum wahren Glauben an Gott. Niemand, der die Gnade Gottes aufrichtig empfangen und erfahren hat, kann ein Leben führen, in dem Stolz ein fester Bestandteil ist. Ein solcher

Mensch muss sein eigenes Herz dahingehend untersuchen, ob er durch eine falsche Bekehrung in die Irre geführt wurde. Charles Spurgeon hat dies folgendermaßen ausgedrückt:

> „Wer zu sich selbst sagt: ‚Ich bin gerecht, ich kann vor Gott bestehen und ich verdiene seine Liebe‘, der ist so sicher verloren, als wäre er in schwere Sünde gefallen. Nimm dich in Acht vor dem Pharisäer, der in dir lauert."[80]

Gottes Gnade hilft uns, den Stolz auf unsere Rettung zu überwinden. Sie hilft uns auch dabei, andere Fallstricke, die im Leben eines Christen häufig im Zusammenhang mit Stolz auftreten, zu vermeiden. Viele Christen sind zum Beispiel stolz und prahlen mit ihrer vermeintlichen Reife und ihren geistlichen Errungenschaften. Sie verkennen, dass geistliches Wachstum nicht verdient wird, sondern ein Geschenk der Gnade ist. Wenn wir in Jesus bleiben, werden wir ganz natürlich geistlich wachsen und Frucht tragen. Wir verdienen uns dieses geistliche Wachstum nicht mit Disziplin und Eifer, sondern wir haben uns in eine Lage gebracht, in der wir es als Geschenk Gottes empfangen können.

Eine weitere Möglichkeit, wie viele Christen in Stolz verfallen, ist im Bereich des christlichen Dienstes. Es kann leicht passieren, dass wir stolz werden, weil wir glauben, dass Gott uns für einen bestimmten Dienst ausgewählt hat. Paulus hatte eine Denkweise, die ihn vor dieser Gefahr bewahrte. Er schrieb in seinen Briefen immer wieder davon, dass er seine Berufung und seinen Dienst nicht als Folge seiner Verdienste ansah, sondern weil er Gottes Gnade erfahren hat:

> „Wir arbeiten Hand in Hand an derselben Sache als Menschen, die zu Gott gehören. Ihr seid Gottes Acker, sein Bauwerk - nicht unseres. Aufgrund der besonderen Gnade, die Gott mir schenkte, habe ich als weiser Bauherr das Fundament gelegt. Nun bauen andere darauf auf. Doch wer auf diesem Fundament aufbaut, muss sorgsam vorgehen." (1. Korinther 3,9-10)

„Doch was immer ich jetzt bin, das bin ich durch die Gnade Gottes - und seine Gnade blieb in mir nicht ohne Wirkung. Denn ich habe härter gearbeitet als alle anderen Apostel, doch nicht ich habe gearbeitet, sondern Gott, der durch seine Gnade durch mich wirkte." (1. Korinther 15,10)

„Doch Gott hat mich in seiner Gnade schon vor meiner Geburt auserwählt und berufen. Er offenbarte mir seinen Sohn, damit ich den anderen Völkern die Botschaft von Jesus verkünde. Nach diesem Ereignis fragte ich zunächst niemanden um Rat." (Galater 1,15-16)

Es ist traurig, dass Pastoren und andere Mitglieder der Gemeindeleitung eingebildet und stolz sein können, weil sie ihren Dienst für den wichtigsten halten und mit anderen um das Rampenlicht konkurrieren. Es ist auch tragisch, dass viele Leiter Gefallen an dem Unterschied zwischen „Berufsgeistlichen" und „Laien" haben und einige sogar in den vollzeitlichen Dienst eintreten, weil sie auf diese Weise ihr geringes Selbstwertgefühl kompensieren wollen. Aber Paulus ist ein hervorragendes Beispiel für jemanden, der verstanden hat, dass seine Berufung und seine Arbeit auf Gottes unverdienter Gunst beruhen; er hat nichts davon verdient. Tatsächlich kann man sich kaum eine Person vorstellen, die es noch weniger verdient hat, in den Dienst zu treten, als Saulus von Tarsus, und doch hat Gott ihn berufen. Weil es für Gottes Gnade charakteristisch ist, dass er nicht auf menschliche Leistungen wartet, kann seine Gnade einen Menschen wie Saulus, den Verfolger, berufen und ihn in den Apostel Paulus verwandeln. Der große Missionar und Theologe der apostolischen Gemeinde wusste, dass es in seinem Dienst für Gott keinen Raum für Stolz oder Selbstbeweihräucherung gab und wir sollten das genauso sehen, ganz gleich in welchem Bereich wir in der Gemeinde für Gott tätig sind.

Ein weiterer Bereich, in dem wir schnell von Stolz eingeholt werden, ist bei den Gaben, die der Heilige Geist uns für den Dienst im Leib Christi gegeben hat. Paulus legte großen Wert darauf, dass die Gaben durch Gnade, nicht durch Werke gegeben werden:

> „Doch hat jeder von uns seinen Anteil an der Gnade geschenkt bekommen, so wie Christus sie uns geschenkt hat. (...) Er hat die einen als Apostel, die anderen als Propheten, wieder andere als Prediger und schließlich einige als Hirten und Lehrer eingesetzt." (Epheser 4,7+11)

> „Denn ich sage kraft der Gnade, die mir gegeben ist, jedem unter euch, dass er nicht höher von sich denke, als sich zu denken gebührt, sondern dass er auf Bescheidenheit bedacht sei, wie Gott jedem einzelnen das Maß des Glaubens zugeteilt hat. (...) Wir haben aber verschiedene Gnadengaben gemäß der uns verliehenen Gnade; wenn wir Weissagung haben, [so sei sie] in Übereinstimmung mit dem Glauben; wenn wir einen Dienst haben, [so geschehe er] im Dienen; wer lehrt, [diene] in der Lehre; wer ermahnt, [diene] in der Ermahnung; wer gibt, gebe in Einfalt; wer vorsteht, tue es mit Eifer; wer Barmherzigkeit übt, mit Freudigkeit!" (Römer 12,3 + 6-8; SLT)

Wie auch immer du zu den Gaben des Heiligen Geistes und ihrer Stellung im Gemeindeleben stehst, du kennst wahrscheinlich einige Menschen, die diese Gaben mit einer gewissen Überheblichkeit ausüben. Paulus betont ausdrücklich, dass es dafür keine Veranlassung gibt. Die Gaben werden uns nicht nur aus Gnade gegeben, sondern sie selbst sind ein Ausdruck der Gnade. Das geht aus den Worten hervor, mit denen Paulus die geistlichen Gaben beschreibt. *Charis* (Gnade) ist der Wortstamm von *Charis*ma (geistliche Gabe). Paulus sagt, dass diese *geistlichen Gaben* eigentlich *Gnadengaben* sind. Es handelt sich bei ihnen grundsätzlich um Geschenke, die sich niemand erarbeiten oder verdienen kann. Es scheint, dass Paulus diesen Begriff erfunden hat, um zu betonen, dass es sich um ein Geschenk handelt, das aufgrund von Gnade erteilt wird. Wenn wir verstehen, dass uns die Gaben auf dieser Grundlage gegeben werden, bewahrt uns das vor Selbstbeweihräucherung, Selbstüberschätzung oder vor Stolz auf eine geistliche Gabe. Denn wie können wir auf etwas stolz sein, das uns ganz unabhängig von unseren Verdiensten geschenkt wurde? Wie wir auf diese Gnadengaben stolz sein können, ist und bleibt ein Rätsel.

Gnade und Herrlichkeit

Richtig verstandene Gnade lenkt unseren Fokus weg von unseren eigenen Verdiensten und von dem, was wir uns darauf einbilden und richtet unseren Blick effektiv auf Gottes Herrlichkeit und Heiligkeit. So hat Gott einen Weg geschaffen, wie wir zu Kanälen seiner Gnade für andere werden können. Wir können anderen durch das, was wir sagen, Gnade entgegenbringen:

> „Kein schlechtes Wort soll aus eurem Mund kommen, sondern was gut ist zur Erbauung, wo es nötig ist, damit es den Hörern Gnade bringe."
> (Epheser 4,29 SLT)

Gott möchte, dass wir seine Gnade empfangen und ihn nachahmen, indem wir andere liebhaben und ermutigen, ob sie es verdient haben oder nicht. Wir können anderen die Gunst Gottes zeigen, wenn wir ihnen eine Liebe und Akzeptanz entgegenbringen, die nicht auf ihren Verdiensten oder Leistungen beruht. Das geschieht besonders durch die Worte, die wir wählen, denn das, was wir sagen, drückt entweder eine Haltung der Gnade aus oder eine Haltung, die Akzeptanz von Leistung abhängig macht. Gott vermittelt uns seine Gnade zum Beispiel durch die gnadenvollen Worte, die er zu uns spricht. Genauso geben wir die Gnade an andere weiter; nämlich, indem wir ihnen auch dann voller Gnade, Liebe und Gunst entgegentreten, wenn sie es in ihren Augen nicht verdient hätten.

Petrus schrieb in seinem ersten Brief:

> „Gott hat jedem von euch Gaben geschenkt, mit denen ihr einander dienen sollt. Setzt sie gut ein, damit sichtbar wird, wie vielfältig Gottes Gnade ist." (1. Petrus 4,10)

Petrus nimmt hier das Wort Gabe (*charisma*); das gleiche Wort, das auch Paulus für „geistliche Gaben" oder „Gnade" verwendete. Petrus sagte, dass wir gute Haushalter der Gnade Gottes sein sollen. Wir hören oft, dass wir gut auf unser Geld aufpassen sollen, aber wir hören selten, dass wir gute Haushalter der Gnade sein sollten, die Gott uns gegeben hat. Der Herr hat uns seine Gnade anvertraut, damit wir sie an andere weitergeben, die sie dringend brauchen. Natürlich kann niemand von uns die Gnade weitergeben, die für unsere Rettung notwendig ist, aber wir können Beispiele für das gebende und liebende Wesen der Gnade sein. Diese Art von Leben wird das Interesse anderer wecken und die Herzen derer vorbereiten, die noch nicht durch Jesus zu Gott gekommen sind, um seine Gunst und Anerkennung im Glauben zu empfangen. Als treue Verwalter von Gottes unverdienter Gunst können wir die Menschen erreichen, die nicht zu seiner Gnade kommen wollen und ihnen durch unser mit Gnade erfülltes Leben einen Einblick in seine Gnade geben. Nachdem sie die Gnade in uns gesehen haben, können wir ihnen von Gott und seiner Gnade erzählen, die die Kraft hat, Menschen zu retten.

Als *gute Haushalter der mannigfaltigen Gnade Gottes* ist Demut ein ganz entscheidender Punkt. Sehen wir diese Aufgabe als Belohnung für unseren treuen Dienst an, werden wir anderen mit einer Herablassung begegnen, die ihnen vermittelt: „Ich denke, ich bin besser als du." Wenn wir an unserem Stolz festhalten, werden wir die Aufmerksamkeit eher auf den *Haushalter* als auf *die mannigfaltige Gnade Gottes* lenken.

Das Weitergeben der Gnade durch alle, die sie empfangen, bringt Gott Dank und Ehre. Paulus, der immer wieder von der Gnade spricht, sagte:

> „Denn es geschieht alles um euretwillen, damit die zunehmende Gnade durch die Vielen den Dank überfließen lasse zur Ehre Gottes." (2. Korinther 4,15 SLT)

Wenn die Menschen das Wirken der Gnade in unserem Leben sehen und von den Veränderungen hören, die sie bewirkt, werden viele dankbar sein und Gott als den großen Geber der Gnade verherrlichen. Das ist das Ziel von jedem, der in Gnade wandelt: Gott in Dankbarkeit für das, was er für uns getan hat, zu verherrlichen. Der Wunsch, ihn verherrlicht zu sehen, wird uns dazu motivieren, gute Verwalter der Gnade Gottes zu sein. Und wenn der Herr verherrlicht wird, ist der Diener zufrieden.

Zwei Wege

Im Plan Gottes können wir seine Gnade direkt von Jesus empfangen. Doch nur, wer in Demut zu ihm kommt, wird um Gnade bitten oder sie finden. Der Grund dafür ist, dass Stolz als Gegensatz von Demut der Feind von Gnade ist. Gnade erkennt, dass allein Jesus alle Ehre gebührt, der Stolz hingegen fordert die angemessene Würdigung eigener Leistungen. Wir verstehen auch, dass uns die Rettung, unser Dienst im Reich Gottes und die geistlichen Gaben aus Gnade gewährt werden. Daher können wir uns nichts davon anrechnen lassen. In Gottes großem Plan der Gnade haben wir die Gelegenheit, ihm und seiner Gnade die Ehre zu geben, indem wir Kanäle (Verwalter) seiner Gnade sind. Wenn wir andere mit Gnade beschenken, ahmen wir die Art und Weise nach, wie wir von Gott beschenkt werden.

Alles, was wir in Jesus haben, haben wir allein aus Gnade. Dem fügen wir noch den aufrichtigen Wunsch hinzu, für andere ein Kanal für Gottes Gnade zu sein. Allein diese Haltung kann uns davor schützen, vom Virus des Stolzes infiziert zu werden. Man könnte sagen, dass es in diesem Krieg zwei Armeen gibt, von denen beide neue Rekruten suchen. Um in die Armee der Hölle einzutreten, lernen wir den Weg des Stolzes und der Selbstverherrlichung. Um in die Armee des Himmels einzutreten, müssen wir die Wege der Gnade und der Demut lernen. Wir müssen sorgfältig darauf achten, dass wir im anhaltenden Krieg wischen Gnade und Stolz auf der richtigen Seite stehen.

Kapitel Dreizehn

Ewige Gnade

Zu den Orten, an denen ich mich in meiner Heimatstadt Santa Barbara am liebsten aufhalte, gehören auf jeden Fall die Berge, die die nördliche Grenze der Stadt bilden. Von dort oben bietet sich mir eine atemberaubende Aussicht über die Stadt. Ich kann die gesamte Küste überblicken und an einem klaren Tag erstreckt sich die Aussicht sogar bis zu den Kanalinseln im Pazifik. Wenn wir Besuch von außerhalb haben, nehme ich sie gerne mit in die Berge, damit auch sie die schöne Aussicht genießen können. Dieser Ausblick hilft ihnen auch, den Aufbau der Stadt zu verstehen und bewahrt sie davor, sich zu verlaufen.

Sobald man einen Überblick über etwas hat, versteht man leichter, wie die einzelnen Teile zusammenpassen. Dies gilt insbesondere im Hinblick auf Gottes Plan für die Menschheit.

Wir profitieren sehr davon, wenn wir Gottes ewigen Plan für die Schöpfung und die Menschheit genauer unter die Lupe nehmen. Die meisten von uns übersehen leicht die großen Themen der Bibel. Wir betrachten die Heilige Schrift als eine Sammlung einzelner Verse und nicht als eine Geschichte von Anfang bis Ende. Es ist eine Sache, sich der Liebe Gottes bewusst zu sein, weil man sie selbst erfahren hat, aber unsere eigenen Erfahrungen sind begrenzt. Wenn wir erkennen, wie Gott seine Liebe zu uns durch die ganze Ewigkeit hindurch gezeigt hat, eröffnet sich uns eine neue Perspektive auf eine vertraute Wahrheit. Ein ähnlicher

Segen liegt darin, den Verlauf eines jeden Aspekts von Gottes Charakter oder seines Plans nachzuzeichnen, angefangen in der vergangenen Ewigkeit bis hin zum kommenden Zeitalter. Obwohl es von großem Nutzen ist, jeden Aspekt von Gottes ewigem Plan im Detail zu studieren, konzentrieren wir uns darauf, was in der Bibel über die Stellung von Gottes Gnade in diesem Plan gesagt wird.

Gnade in der Zeit vor der Schöpfung

„Er hat uns ja gerettet und berufen mit einem heiligen Ruf, nicht aufgrund unserer Werke, sondern aufgrund seines eigenen Vorsatzes und der Gnade, die uns in Christus Jesus vor ewigen Zeiten gegeben wurde." (2.Timotheus 1,9 SLT)

Es liegt weit jenseits unserer Vorstellungskraft, aber Paulus sagt uns hier, dass Gott seinem Volk schon lange vor dem Beginn der Zeit Gnade geschenkt hat. Viel wissen wir nicht darüber. Wir wissen nicht genau, wie Gottes Gnadenwerk sich mit unserem freien Willen vereinbaren ließ - bevor die Zeit begann. Wir wissen nicht, wie Gott seinen Heiligen Gnade zur Erlösung gewähren konnte, wenn sie nur in seinem Wissen von der Zukunft existierten. Und wir wissen auch nicht, wie Gott Menschen Gnade schenken konnte, die noch gar nicht erschaffen waren.

Eine teilweise Erklärung dieses großen Geheimnisses ist, dass diese Gnade *„uns in Christus Jesus vor ewigen Zeiten gegeben wurde"*. Es fällt uns leichter zu verstehen, dass der Vater und der Sohn vor ewigen Zeiten eine Beziehung gemeinsamer Gnade hatten. Paulus sagt uns hier, dass wir, weil wir Christus gleichgestellt werden, zu Erben eben dieser ewigen Beziehung der Gnade gemacht wurden. Und weil wir *alle Kinder Gottes durch den Glauben an Jesus Christus* sind (Galater 3,26), haben wir Anteil an den Vorteilen der Zugehörigkeit zu Christus. Einer dieser Vorzüge ist das Erbe der ewigen Gnade. Obwohl wir nicht in der Lage sind, es zu begreifen, hatte Gott einen ewigen Plan für uns.

Dass dieser Plan der Gnade zu einem Zeitpunkt in der Ewigkeit seinen Anfang hatte, der schon lange zurückliegt, ist eine beindruckende Erkenntnis. Gottes Entscheidung, Gnade zur Grundlage seiner Beziehung zu den Menschen zu machen, war keine Entscheidung, die er spontan oder erst spät getroffen hat. Unser Schöpfer hat nicht erst alles auf Plan A gesetzt und ist dann - als dieser Plan nicht funktionierte - zu Plan B gewechselt. Gott hat nicht plötzlich beschlossen, das erfolglose Gesetzeswerk im Umgang mit den Menschen aufzugeben; das Gesetz war eine notwendige Vorbereitung für das Konzept der Gnade. Obwohl die Wege des Gesetzes und der Gnade nicht miteinander vereinbar sind, bereitet das Gesetz den Verstand, das Herz und die Seele des Menschen wunderbar auf Gottes unverdiente Gunst vor.

Gnade ist keine Neuheit in Gottes Plan, und das zeigt sich in seiner Verheißung eines Messias. Als sich erstmals zeigte, dass die Menschen einen Erlöser brauchen würden, gab Gott die feste Zusage eines Erlösers, der sie aus der Sünde und der dämonischen Täuschung retten würde. Gott versicherte sowohl den Menschen als auch Satan, dass aus dem Samen der Frau der Eine kommen würde, der den Kopf Satans zertreten und dessen Herrschaft über die Menschheit beenden würde. Ja, der Messias selbst würde im Laufe dieser Schlacht verwundet werden, aber er würde dem Teufel und seinen Anhängern eine tödliche Wunde zufügen. Die Gnade war ein fester Bestandteil dieser Verheißung dessen, der Messias und Erlöser in einem sein würde. Die treibende Kraft dieser Verheißung war die gnädige Liebe Gottes. Hat die Menschheit diesen Erlöser oder solch ein Versprechen verdient? Wann waren wir jemals so gut oder freundlich oder liebevoll, dass wir eine derartige Zusicherung verdient hätten? Wir haben diesen Erlösungsplan nie verdient, aber die Verheißung des Messias war ein uralter Beleg für Gottes Plan der Gnade.

Wenn wir die Geschichte der Gnade betrachten, denken wir auch daran, wie Gott seine Gnade im Umgang mit Israel und den Stammesvätern im Alten Testament gezeigt hat. Denken wir an Jakob - einen hinterhältigen Betrüger - der seinen Vater belog und seinem Bruder das Erstgeburtsrecht stahl. Hatte er dieses Erstgeburtsrecht verdient? Hat er sich das Recht auf Gottes besonderen Schutz und Segen für seine Familie und seine Finanzen verdient? Natürlich hat er diesen Segen nicht verdient, aber Gott hat ihn aus dem Reichtum seiner Gnade gegeben.

Denk an Mose, der ein Mörder und Flüchtling war. Er hat nichts getan, was Gott zu der Aussage veranlasst hätte: „Also, Mose hat zurecht verdient, sein Volk anzuführen und die innigste Gemeinschaft mit mir zu erleben, die je ein Mensch hatte." Gott hat Mose diese Privilegien und Segnungen auf der Grundlage seiner Gnade geschenkt und nicht aufgrund von Werken oder Verdiensten. Gottes Wirken im Leben von Männern wie Jakob und Mose zeigt, dass er Männer und Frauen nicht so behandelt, wie sie es verdient haben, sondern immer mit Blick auf seine Gnade. Obwohl die Gnade in ihrer ganzen Fülle durch Jesus Christus zu uns kam, musste der Gott aller Gnade diesen Aspekt seines Wesens in seinem Umgang mit der Menschheit schon vor dem Kommen Jesu offenbaren.

Die Gnade im Hier und Jetzt

Die gute Nachricht für uns ist, dass Gottes Gnade zwar schon seit ewigen Zeiten besteht - aber sie ist auch aktuell und kann uns dort begegnen, wo wir heute stehen. Als Gläubige ist unsere gegenwärtige Beziehung zu Gott von der Gnade geprägt, in der wir stehen:

> „…habe ich euch in Kürze geschrieben, um euch zu ermahnen und zu bezeugen, dass dies die wahre Gnade Gottes ist, in der ihr steht."
> (1. Petrus 5,12 SLT)

Wir stehen fest und sicher in Gottes Gunst und Segen, die wir im Glauben empfangen und uns nicht durch gute Werke verdient haben. Mit dieser Gunst bekommen wir auch den Wunsch und die Fähigkeit, Gott in richtiger Weise zu dienen. Nachdem wir so viel empfangen haben, können wir Gott durch unseren Gehorsam und unseren Einsatz für sein Reich ehren. Wir tun das alles aus Dankbarkeit für seinen Segen. Die Gnade befähigt uns auch, im geistlichen Kampf zu bestehen und auszuharren. Wir wissen, dass Gott für uns ist und nicht gegen uns.

Petrus sagt uns noch etwas anderes, das für die Gnade im Hier und Jetzt wichtig ist:

> „Wachst aber in der Gnade und Erkenntnis unseres Herrn und Retters Jesus Christus!"
> (2. Petrus 3,18)

Petrus möchte, dass wir Christen immer daran denken, dass die Gnade ein wesentlicher Teil unseres Wachsens und Reifens bleiben muss. Wir wachsen *in* der Gnade, aber nicht *über* sie *hinaus*. Die Gnade ist das, was uns ein Leben lang mit Gott verbindet. Charles Spurgeon, der große Prediger des viktorianischen Englands, hat diesen Punkt eindringlich angesprochen:

> „Aber du wirst feststellen, dass unser Text nichts von wachsender Gnade sagt; es heißt nicht, dass die Gnade wächst. Hier steht „Wachst aber in der Gnade'. Es gibt einen großen Unterschied zwischen wachsender Gnade und unserem Wachsen in der Gnade. Gottes Gnade wird niemals weiterwachsen; sie ist immer unendlich; sie ist immer bodenlos; sie ist immer grenzenlos. Sie kann nicht größer und, dem Wesen Gottes entsprechend, auch nicht kleiner werden. Der Text sagt uns, dass wir „in der Gnade wachsen sollen". Wir befinden uns im Meer der Gnade Gottes; und es gibt kein tieferes Meer, in dem wir sein könnten, also lasst uns jetzt, wo wir darin sind, wachsen."[81]

Die Gnade in der vor uns liegenden Ewigkeit

Der Apostel Petrus erkannte, dass die Gnade für uns heute - im Hier und Jetzt - gilt, aber er wusste auch, dass das Werk der Gnade nicht mit unserem Ableben auf dieser Erde zu Ende ist; die Gnade soll uns bei der Wiederkunft Jesu Christi zuteilwerden:

> „Bemüht euch daher um ein klares, nüchternes Denken und um Selbstbeherrschung. Setzt eure ganze Hoffnung auf die Gnade, die euch bei

der Wiederkehr von Jesus Christus erwartet." (1. Petrus 1,13)

Unsere Hoffnung auf die Wiederkunft Jesu sollte auf der Gnade beruhen. Ohne die Gnade und ihr Wirken in unserem Leben, könnten wir niemals hoffen, das Kommen eines so heiligen Gottes zu überstehen. Unsere Hoffnung gründet sich auf die Gnade und nicht auf unsere harte Arbeit, unser aufrichtiges Bemühen oder das Befolgen von biblischen Lehren. Wenn es die Gnade und die Tatsache, dass sie unverdient ist, nicht gäbe, würden wir Jesus nicht willkommen heißen; wir würden vor seiner Gegenwart zurückschrecken. Unsere Sünde und unsere Schande würden in ihrer ganzen Schwärze neben seiner vollkommenen Reinheit zu Tage treten und wir wären wie die, die in der Offenbarung des Johannes beschrieben werden, die in dem vergeblichen Versuch, sich vor seiner Heiligkeit zu verstecken, die Felsen anflehen, sie zu bedecken (Offb 6,16).

Die Vorbereitung auf das zweite Kommen Jesu ist ein Werk, das Gott in uns tut, und wir können dann in seiner Gnade ruhen und mit ihr mitwirken. Der Schlüssel dazu ist das Festhalten an dem Gott der Gnade und das Vertrauen auf sein Versprechen, uns auf diesen Tag vorzubereiten. Aus eigener Kraft wären wir nie bereit.

Die ermutigenden Worte von Petrus, unsere Hoffnung auf diese kommende Gnade zu setzen, steht im Zusammenhang mit der Herausforderung, ein Leben zu führen, dass dieser Perspektive entspricht. Die Zusage der kommenden Gnade wird inmitten eines Aufrufs zur Heiligung gegeben:

> „Gehorcht Gott, weil ihr seine Kinder seid. Fallt nicht in eure alten, schlechten Gewohnheiten zurück. Damals wusstet ihr es nicht besser. Aber jetzt sollt ihr in allem, was ihr tut, heilig sein, genauso wie Gott, der euch berufen hat, heilig ist. Denn er hat selbst gesagt: »Ihr sollt heilig sein, weil ich heilig bin!«" (1. Petrus 1,14-16)

Manche mögen denken, dass ein Aufruf zur Heiligkeit nicht in denselben Text gehört, der von der großen Gnade spricht, die uns beim Kommen unseres Herrn zuteilwird. Aber Petrus hat verstanden, dass wir umso leidenschaftlicher danach streben, je mehr wir das Ziel unserer Bestimmung begreifen. Wenn wir verstehen, dass Gott sich in seiner Gnade verpflichtet hat, uns bis zum Ende zu begleiten, erhalten wir Mut und Kraft, um dieses Rennen fortzusetzen. Es ist falsch zu denken, die Gnade wäre eine Entschuldigung dafür, das Streben nach Heiligkeit zu unterlassen. Wahre Gnade, richtig empfangen und verstanden, befreit uns vielmehr dazu, ein heiliges Leben mit mehr Sorgfalt und Konsequenz zu führen.

Was die Gnade in uns bewirkt, um uns darauf vorzubereiten, Jesus bei seinem Erscheinen zu begegnen, ist eine bemerkenswerte Sache. Aber der Plan der Gnade geht weit über den Tag der Wiederkehr Jesu hinaus; er reicht bis in die ewige Zukunft hinein. Es ist Gottes ewige Absicht, uns in der Zeit, die vor uns liegt, den überfließenden Reichtum seiner Gnade zu zeigen. Wie der Apostel Paulus schreibt:

> „So wird er für alle Zeiten an uns seine Güte und den Reichtum seiner Gnade sichtbar machen, die sich in allem zeigt, was er durch Christus Jesus für uns getan hat." (Epheser 2,7)

Gott will mit unserer Rettung vor allem auch, dass seine Gnade in all ihrer Herrlichkeit sichtbar wird. Im Rahmen seines Plans der Gnade fällt Gott die ganze Anerkennung und der ganze Ruhm für die Erlösung des Menschen zu. Wenn der Mensch durch das Gesetz gerettet werden könnte, könnte er zu Recht einen Teil des Verdienstes für die Rettung beanspruchen, aber in Gottes Plan der Gnade werden nur die Verdienste Jesu anerkannt. Wir können uns nicht einmal den Glauben anrechnen lassen, der es uns ermöglicht hat, die Gnade Gottes zu empfangen, denn auch das ist ein Geschenk Gottes (Epheser 2,8).

Wenn wir das verstehen, können wir nachvollziehen, wie sehr es Gott beleidigen muss, wenn jemand versucht, aus Werken und nicht aus Gnade gerettet zu werden. Wenn die Rettung durch Werke möglich wäre, könnte der Mensch zu Recht einen Teil der Anerkennung und des Ruhmes in Anspruch nehmen. Doch diese Vorgehensweise vereitelt Gottes Plan, seine Herrlichkeit zu offenbaren, indem er die Rettung ausschließlich als Geschenk zur Verfügung stellt, das in Jesus Christus empfangen wird.

Wir können darauf vertrauen, dass Gott in den Wundern des kommenden Zeitalters neue und größere Wege finden wird, seiner Gnade die Ehre zu geben. Gottes Plan der Gnade wird uns auch in der ewigen Zukunft immer wieder in Erstaunen versetzen.

Die Gnade ist keine vorübergehende Methode in Gottes Umgang mit den Menschen; sie ist sein ewiger Plan und sein ewiges Anliegen. Wir müssen uns keine Sorgen darüber machen, dass Gott die Regeln ändern könnte; denn sein Plan für uns beginnt mit Gnade, setzt sich in ihr fort und endet auch mit Gnade.

Ein ewiger Plan

Es ist nicht schwer herauszufinden, was Gott mit diesem Plan der Gnade erreichen will: Er möchte einfach, dass viele Menschen seine Gnade annehmen und damit dem Gott, der sie gegeben hat, größere Ehre erweisen. Je mehr Menschen Gottes Plan der Gnade anerkennen, desto mehr Ehre wird Gott von denen empfangen, die nach seinem Bild geschaffen wurden. Gott möchte, dass alle Menschen ihn, den Gott der Gnade, loben und anbeten, und er möchte, dass die Gnade ein Ort der Ruhe, des sicheren Bodens und des Sieges für die Gläubigen ist.

Wer zuerst den Gehorsam und dann den Segen predigt, kehrt Gottes Ordnung um und verkündet das Gesetz, nicht die Gnade. Das Gesetz hatte den Segen, den der Mensch empfängt, von dessen Gehorsam abhängig gemacht. Die Gnade schenkt einen Segen, der an keinerlei Verdienste und Bedingungen geknüpft ist: Unsere Hingabe kann darauffolgen, aber das geschieht nicht immer – und auch nicht unbedingt im richtigen Verhältnis.

Ein paar Worte zum Thema Gnade

von William Newell [82]

I. Eine Definition von Gnade

1. Gnade ist Gottes freies Handeln, wie es seinem Wesen der Liebe entspricht, ohne Versprechen oder Verpflichtungen, die er erfüllen muss; und natürlich handelt er - im Hinblick auf das Kreuz - gerecht.

2. Die Gnade hat ihren Ursprung nicht im Empfänger, sondern sie kommt einzig und allein aus dem Geber, aus Gott.

3. Die Gnade ist auch souverän. Da sie keine Schulden zu begleichen hat oder auf die Erfüllung von Bedingungen seitens der Menschen warten muss, kann sie nach Belieben handeln. Sie kann denen, die es am wenigsten verdienen, die größte Gunst zukommen lassen - und das tut sie auch häufig.

4. Bei einem Menschen, der nichts mit der Gnade anfangen kann und der meint, alles selbst in die Hand nehmen zu müssen, kann die Gnade nicht wirken; sie bewirkt alles ganz allein.

5. Da das Geschöpf keinen Grund vorweisen kann, warum ihm Gnade zuteilwerden sollte, muss das Geschöpf davon abgehalten werden, Gott einen Grund für seine Gnade geben zu wollen.

6. Die Erkenntnis des Geschöpfes, dass es der Empfänger der Gnade Gottes ist, bewirkt tiefste Demut - denn der Empfänger der Gnade begreift seine eigene vollständige Unwürdigkeit und seine völlige Unfähigkeit, diese Würdigkeit zu erreichen - er empfängt Gnade - und zwar aus einem Grund, der nicht in ihm selbst zu finden ist!

7. Deshalb hat das Fleisch keinen Raum im Plan der Gnade. Das ist der eigentliche Grund, weshalb der angeborene stolze Verstand des Menschen nicht anders kann, als die Gnade zu verabscheuen. Doch genau aus diesem Grund freut sich der wahre Gläubige! Denn er weiß, dass „in ihm, das bedeutet in seinem Fleisch, nichts Gutes ist." Und dennoch stellt er fest, dass Gott ihn gerne segnet, so wie er ist.

II. Der Mensch unter der Gnade

1. Er wurde in Christus angenommen, in dem er fest stehen kann.

2. Er muss sich nicht bewähren.

3. Sein vergangenes Leben existiert nicht mehr in Gottes Augen: Er starb am Kreuz und Christus ist sein Leben.

4. Einmal gewährte Gnade wird nicht widerrufen, denn Gott kennt alle menschlichen Umstände im Voraus: Er handelt unabhängig davon.

5. Mangelnde Hingabe führt nicht zum Entzug der gewährten Gnade (wie es unter dem Gesetz der Fall wäre). Wie zum Beispiel der Mann in 1. Korinther 5,1-5 und auch jene, von denen in Kapitel 11,30-32 berichtet wird: Sie „richteten" sich nicht selbst und deshalb wurden sie „vom Herrn gerichtet ... - damit sie nicht zusammen mit der Welt verurteilt würden!"

III. Das richtige Verhalten von Menschen unter der Gnade

1. Das große Geheimnis besteht darin, zu glauben und zuzulassen, dass man geliebt wird, obwohl man es nicht verdient hat.

2. Man sollte keine „guten Vorsätze" fassen und „Gelübde" ablegen, denn das heißt, auf das Fleisch zu vertrauen.

3. Man darf erwarten, gesegnet zu werden, obwohl man sich seiner eigenen Unwürdigkeit mehr und mehr bewusst wird.

4. Man sollte nie aufhören, Gottes Güte zu verkünden.

5. Man kann die Gewissheit haben, dass Gott auch in Zukunft gnädig ist und dabei immer besser verstehen, was er sagt und meint.

6. Man sollte sich darauf verlassen, dass Gott uns zurechtweist, weil er uns liebt.

7. Ein Mensch, der wie Paulus unter der Gnade steht, macht sich keine Gedanken über sich selbst, aber viele über andere.

IV. Dinge, die die Seele entdeckt, wenn sie fest in der Gnade steht

1. Wer „hofft, sich zu bessern", hat nicht verstanden, dass allein Christus zählt.

2. Von sich selbst enttäuscht zu sein, bedeutet, an sich selbst geglaubt zu haben.

3. Entmutigt zu sein, bedeutet Unglaube, was Gottes Absicht und seinen Segensplan für dich angeht.

4. Stolz zu sein, bedeutet, blind zu sein! Denn ohne Jesus können wir nicht vor Gott bestehen.

5. Der Mangel an göttlichem Segen kommt daher von Unglauben und nicht von mangelnder Hingabe.

6. Eine echte Hingabe zu Gott erwächst nicht aus dem Eifer des Menschen, sondern aus der Erkenntnis, dass wir Gottes Segen empfangen haben, als wir noch unwürdig und ungehorsam waren.

Danke

Dieses Buch nahm irgendwann Mitte der 1980er Jahre seinen Anfang, als ich Gottes Gnade in meinem Leben erleben durfte. Ich hoffe aufrichtig, dass die Botschaft der Gnade, die mich so tief berührt hat, auch andere berühren wird.
In den Jahren, in denen sich dieses Buch in meinem Kopf und auf dem Computer befand, hat Gott mir seine Gnade auf wundervolle Art und Weise in Jesus Christus und durch sein Wort gezeigt; und darüber hinaus auch auf vielen weiteren Wegen und durch viele Menschen. Von all diesen Menschen hat mir niemand mehr Gnade und Güte entgegengebracht als meine wunderbare und geschätzte Ehefrau Inga-Lill. Dieses Buch kann ich tatsächlich nur dir widmen. Danke, Inga-Lill.

Einige andere verdienen meine besondere Anerkennung:
Tanja Döhling für die usprüngliche Übersetzung.
Nils Schüler, für die überarbeitete Übersetung.
Marika Varnholt und Christina Süllau, die die Redigierung vorgenommen haben.
Lance Ralston dafür, dass er mich dieses Manuskript nicht vergessen ließ.
Meinen vielen Freunden und Kollegen, mit denen ich über die Jahre gemeinsam Gott dienen durfte.

Das Buchcover dieser Ausgabe wurde von der Werbeagentur Wilke Kreativ (info@wilke-kreativ.de) gestaltet.

Anmerkungen

[1] Wendell W, Watters, "Christianity and Mental Health", The Humanist, (November/Dezember 1987). S. 5-11

[2] ebd., S. 5

[3] ebd., S. 8

[4] ebd., S. 10

[5] ebd., S. 7, 10, und 7

[6] ebd., S. 8

[7] Alexander Maclaren, Expositions of Holy Scripture, Band 15 (Grand Rapids: Baker Book House, 1984), S.141-142

[8] Charles Spurgeon, "Paul's Parenthesis", *The Metropolitan Tabernacle Pulpit, Volume 54* (Pasadena, Texas: Pilgrim Publications, 1978) S. 140

[9] James Moffatt, *Grace in the New Testament* (London: Hodder and Stoughton, 1931)

[10] ebd., S. 392

[11] Steven Turner, *Amazing Grace: The Story of America's Most Beloved Song* (New York: Harper Collins, 2003), S. 196

[12] ebd., S. 186

[13] ebd., S. 27

[14] Übersetzung ins Deutsche: http://de.wikipedia.org/wiki/Amazing_Grace

[15] A. Morgan Derham, "Newton, John" *The New International Dictionary of the Christian Church* (Grand Rapids: Zondervan, 1974)

[16] Turner, S. 108

[17] Diese Zeile wird oft Augustinus zugeschrieben, es gibt jedoch keine Quellenangabe

[18] *The New York Times*, "Reagan Tells of Gaffe with Mrs. Mitterrand", April 7, 1984

[19] Charles Caldwell Ryrie, *The Grace of God* (Chicago: Moody Press, 1963), S.20

[20] Moffatt, S.21

[21] ebd., S.28

[22] ebd., S. 25

[23] Aristoteles von Moffatt zitiert, S. 25

[24] Kennet S. Wuest, *Philippians: in the Greek New Testament*, (Grand Rapids, Michigan WM.B. Eerdmans Publishing Co., 1951), S. 29

[25] G. Campbell Morgan, *The Corinthian Letters of Paul* (Old Tappan, New Jersey: Revell, 1946), S.251

[26] Wuest, S. 29

[27] Moffatt, S. 29

[28] Ryrie, S. 9

[29] Moffatt S. 9

[30] Ryrie, S. 28

[31] Oscar Hardman, *The Christian Doctrine of Grace*, (New York: Macmillan, 1947), S. 154

[32] Alan Redpath, *Blessings out of Buffetings* (Grand Rapids,, Michigan: Revell, 1993), S. 154

[33] Clifton Fadiman, *The Little, Brown Book of Anecdotes* (Boston: Little, Brown, and Company, 1985), S. 357

[34] "United States v. Wilson," https://en.wikipedia.org/wiki/United_States_v._Wilson - .

[35] Moffatt, S. 7

[36] Moffatt, S. 132

[37] Fadiman, S. 188

[38] Deutscher Buchtitel

[39] Thomas Torrance, *The Doctrine of Grace In The Apostolic Fathers* (Grand Rapids: Eerdmans, 1948), S. 39

[40] Moffatt, S. 132

⁴¹ Leon Morris, *The Epistle to the Romans* (Grand Rapids: Eerdmans, 1988), S. 219

⁴² Kenneth S. Wuest, *Romans In The Greek New Testament* (Grand Rapids: Eerdmans, 1955), S.39

⁴³ Charles Spurgeon, „Growth in Grace" *The Metropolitan Tabernacle Pulpit*, Band 46 (Pasadena, Texas: Pilgrim Publications, 1990), S.530

⁴⁴ Moffat, S. 30

⁴⁵ ebd., S. 31

⁴⁶ Lewis Chafer, *Grace, The Glorious Theme* (Grand Rapids: Zondervan, 1922), S. 157

⁴⁷ Fadiman, S. 588-589

⁴⁸ ebd., S. 248

⁴⁹ Dieser Kinderreim bzw. Lied hat mehrere Varianten. Beispiele sind zu finden unter https://100.best-poems.net/nobody-likes-me-guess-i039ll-go-eat-worms.html and http://www.mamalisa.com/?t=es&p=2387

⁵⁰ Fadiman, S. 169

⁵¹ https://en.wikipedia.org/wiki/The_Last_Supper_(Leonardo_da_Vinci)

⁵² D. Martin Lloyd-Jones, God's Ultimate Purpose (Grand Rapids Baker, 1979), S. 136

⁵³ Aus einer alten Geschichte von Booker T. Washington (Aufgenommen 1903) http://historymatters.gmu.edu/d/88/

⁵⁴ Martin Luther, *A Commentary on St. Paul's Epistle to the Galatians* (Grand Rapids, Michigan: Zondervan), S.158

⁵⁵ Siehe Kenneth Wuest, *The New Testament – An Expanded Translation* (Grand Rapids: Eerdmans, 1961) S. 360 und Morris, S. 242

⁵⁶ Augustinus gefunden in *A Library of the Fathers of the Holy Catholic Church*, (Oxford: John Henry Parker, 1847) S. 248

⁵⁷ Thomas Brooks, "A Cabinet of Jewel," *The Works of Thomas Brooks, Volume III* (Edinburgh: James Nichol, 1866) S. 318

⁵⁸ Dietrich Bonhoeffer, *The Cost of Discipleship* (New York: Macmillan, 1979) S. 45-46

⁵⁹ Charles Spurgeon, "The World on Fire," *The Metropolitan Tabernacle Pulpit, Volume 19* (Pasadena, Texas: Pilgrim Publications, 1981) S. 441

⁶⁰ Kenneth Wuest, Romans in the Greek New Testament (Grand Rapids: Eerdmans, 1955), S.109-111

⁶¹ Aus der International Movie Database: http://www.imdb.com/title/tt0054331/trivia?tab=qt&ref_=tt_trv_qu

⁶² Thomas B. Costain, *The Three Edwards* (Garden City, New York: Doubleday & Company, 1958), S. 179-180

⁶³ Dwight Lyman Moody, *Moody's Anecdotes* (Chicago: Rhodes & McClure Publishing Co., 1896), S. 144-145

⁶⁴ Redpath, S.236

⁶⁵ Edward Cardwell, *Syodalia – A Collection of Articles of Religions, Canons, and Proceedings of Convocations, Volume 1* (Oxford: The University Press, 1842), S. 21

⁶⁶ Charles Spurgeon, „The Safeguards of Forgiveness", *The Metropolitan Tabernacle Pulpit, Band 52* (Pasadena, Texas: Pilgrim Publications, 1990), S.163,164

⁶⁷ John Bunyan, *Pilgerreise* (Verlag der St.-Johannis-Druckerei, Lahr,1998) S. 356

⁶⁸ Übersetzung: Gesangbuch der Methodistischen Kirche, Lied Nr. 434 - Vertrauen auf Gott, Bremen

⁶⁹ Fadiman, S. 383

⁷⁰ Sergei Kourdakov, *Sergei* (London: Oliphants, 1973)

⁷¹ Siehe Kenneth Scott Latourette, *A History of Christianity Volume 1* (Peabody, Massachusetts, Prince Press, 1997) S. 137-138

⁷² Charles Spurgeon, „Lessons on Divine Grace", The Metropolitan Tabernacle pulpit, Band 52 (Pasadena, Texas: Pilgrim Publications, 1990), S. 163-164

⁷³ Alexander Maclaren, Expositions Of Holy Scripture, (Grand Rapids: Baker, 1984), Band 15, S. 335

[74] Anmerkung des Übersetzers

[75] C.S. Lewis, *Pardon, ich bin Christ*, (Brunnen Verlag Basel), 1977, S. 113

[76] Lewis, S. 116

[77] Oscar Hardman, *The Christian Doctrine of Grace* (New York: The Macmillan Company, 1947) S. 11

[78] Torrance, S. 141

[79] Torrance, S. 141

[80] Charles Spurgeon, „The Danger of Unconfessed Sin", [Die Gefahr der nicht bekannten Sünde] *The Metropolitan Tabernacle Pulpit, Band 23* (Pasadena, Texas: Pilgrim Publications, 1990), S. 426

[81] Charles Spurgeon, "Growth in Grace", *The Metropolitan Tabernacle Pulpit, Volume 46* (Pasadena, Texas: Pilgrim Publications, 1977) S. 530

[82] William R. Newell, *Romans Verse by Verse* (Chicago: Moody Press, 1979), S. 245-249

www.ingramcontent.com/pod-product-compliance
Lightning Source LLC
LaVergne TN
LVHW091254080426
835510LV00007B/254